Jean-Paul Sartre

Plaidoyer
pour
les intellectuels

Préface de Gérard Noiriel

Gallimard

Jean-Paul Sartre (1905-1980) est philosophe, critique littéraire, romancier, nouvelliste et dramaturge. Il se fait connaître du grand public par ses récits (*La Nausée*, *Le Mur*) et ses pièces de théâtre (*Les Mouches*, *Huis clos*). Mais son activité littéraire est indissociable de sa pensée philosophique (*L'Imaginaire*, *L'Être et le néant*). Menant une intense activité politique, il refuse le prix Nobel de littérature en 1964.

PEUT-ON ENCORE SAUVER
LES INTELLECTUELS ?

GÉRARD NORIEL

Le lecteur se demandera peut-être pourquoi il a semblé utile de rééditer, en 2020, ce petit livre paru initialement en 1972 dans la collection « Gallimard / Idées », alors que nous vivons à une époque marquée par un désenchantement généralisé à l'égard des intellectuels.

La première raison est d'ordre factuel. Il nous a paru nécessaire, pour mieux comprendre ce texte, de corriger l'erreur de date qui a été constamment reproduite depuis sa publication initiale. Il rassemble trois conférences que Jean-Paul Sartre a prononcées au Japon non pas en 1965, comme cela était indiqué à la fin de la première édition, mais en septembre-octobre 1966. Cette précision chronologique, qui aurait pu relever du détail s'il s'agissait d'un autre auteur, est importante dans le cas de Sartre car sa réflexion a toujours été étroitement liée à l'actualité de son temps. On verra plus loin que plusieurs événements majeurs, à la fois politiques et philosophiques, qui se sont produits entre novembre 1965 et octobre 1966, apparaissent en filigrane dans l'analyse que Sartre développe dans ces conférences.

La deuxième raison qui justifie cette réédition, précédée d'une préface, tient au fait que l'édition originale est parue sans aucune indication permettant de resituer le propos de Sartre dans son contexte. Éclairage pourtant indispensable, comme on va le voir, pour éclairer les enjeux sous-jacents de ce livre et comprendre pourquoi Sartre a décidé de publier ses conférences seulement six ans après son séjour au Japon.

La troisième raison concerne le fond. Il nous a semblé utile, pour le lecteur de 2020, de rappeler la définition de l'intellectuel universel que Sartre défend de manière concise dans ce texte. Comme celle-ci a été souvent caricaturée, il n'était pas inutile de revenir à la source et de mettre en relief ses lignes de force. Ce texte, que l'on peut prendre comme un point de repère pour comprendre ce que sont devenus les intellectuels depuis les années 1970, offre aussi des arguments à ceux qui veulent encore défendre leur cause aujourd'hui.

JEAN-PAUL SARTRE,
SIMONE DE BEAUVOIR ET LE JAPON

Jean-Paul Sartre et Simone de Beauvoir ont séjourné ensemble au Japon en septembre-octobre 1966 pour présenter plusieurs conférences à Tokyo et à Kyoto. Simone de Beauvoir, qui était elle aussi déjà célèbre dans ce pays, fut invitée à parler de son œuvre sur un pied d'égalité avec son compagnon. Chacune des trois interventions de Jean-Paul reproduites dans cet ouvrage fut précédée d'une conférence de Simone[1].

Pour Sartre, ce voyage était la concrétisation d'un vieux rêve, puisque trente-sept ans plus tôt, au retour de son service militaire, il avait tenté sans succès d'obtenir un poste de lecteur à l'Institut franco-japonais de Kyoto. Asabuki Tomiko, qui accompagna le couple durant tout son séjour, a raconté dans ses souvenirs que tous deux avaient passé leur été à se documenter sur l'histoire du Japon et s'étaient familiarisés avec

---

1. Ces trois conférences, intitulées « Situation de la femme d'aujourd'hui », « La femme et la création » et « Mon expérience d'écrivain », ont été publiées par Claude Francis et Fernande Gontier in *Les Écrits de Simone de Beauvoir*, Paris, Gallimard, coll. Blanche, 1979. Sur la popularité de Simone de Beauvoir au Japon, cf. Takako Inoué, « Lire Beauvoir à Tokyo », *Les Temps Modernes*, 2008/1-2 (n° 647-648), p. 377-386.

la littérature nipponne. Ils mirent à profit leur
séjour pour visiter tout le pays, en s'arrêtant à
Hiroshima pour passer un peu de temps avec
des victimes de la bombe atomique. Ce contexte
explique les nombreuses références à la situation japonaise que l'on retrouve dans ce livre.

Quand il arrive au Japon, Sartre a soixante
et un ans. Il est sans doute l'intellectuel le plus
célèbre au monde. Connu comme écrivain dès
les années 1930, c'est seulement à la fin de la
Seconde Guerre mondiale qu'il s'est vraiment
engagé dans l'action politique. Après avoir été
un « compagnon de route », il a pris ses dis-
tances avec le Parti communiste en 1956, lors
de l'invasion de la Hongrie par les troupes
soviétiques. Dans la décennie suivante, il mettra
l'essentiel de son énergie militante au service
des incessants combats qu'il a menés contre le
colonialisme et l'impérialisme. Son engagement
contre la guerre d'Algérie atteint son paroxysme
en 1961, lorsqu'il signe le « manifeste des 121 »,
qui encourage ouvertement les troupes fran-
çaises à déserter ; ce qui lui vaudra la haine
tenace de l'extrême droite et même des menaces
judiciaires[1]. Après la fin de la guerre d'Algérie,

---

1. Le gouvernement considéra cet appel comme une incita-
tion ouverte à la trahison. Toutefois le général de Gaulle refusa
d'entériner les menaces policières en affirmant : « On n'arrête
pas Voltaire. » À la même époque, l'appartement de Sartre,
situé rue Bonaparte à Paris, fut plastiqué à deux reprises par

Sartre s'engage résolument contre la guerre du Vietnam et l'impérialisme américain. C'est aussi l'époque où il accède à la consécration suprême en tant qu'écrivain puisqu'il obtient le prix Nobel de littérature en 1964 ; distinction qu'il refuse, ce qui contribue encore un peu plus à son image d'intellectuel engagé.

Hors de France, c'est au Japon que la notoriété de Jean-Paul Sartre a été la plus forte. Quand il arrive à Tokyo, ses livres et les recherches au sujet de son œuvre y comptent plus de lecteurs que dans n'importe quel autre pays. Plus de huit cents articles exclusivement consacrés à Sartre ont été publiés dans des journaux à partir de 1945. C'est le double des articles écrits sur Nishida Kitarô (1870-1945), le plus fameux philosophe japonais du XXᵉ siècle.

Cette immense notoriété explique que la venue du couple Sartre-Beauvoir ait été un événement majeur dans le monde intellectuel japonais. Lors de la première conférence, qui eut lieu à l'université de Keio (située à Tokyo), l'amphithéâtre de 800 places ayant été pris d'assaut, douze salles équipées de téléviseurs furent ouvertes permettant à 6 000 personnes d'écouter les deux conférenciers. Ils furent accueillis

---

l'extrême droite. Sur tous ces points, cf. la biographie d'Annie Cohen-Solal, *Sartre 1905-1980*, Paris, Gallimard, coll. Folio essais, 2019 (1985).

par une foule de manifestants brandissant des pancartes en français contre la guerre du Vietnam. Ce fut le plus grand événement de l'université de Keio depuis sa fondation. Pour la seconde conférence, les organisateurs durent tirer au sort les 2 000 chanceux qui purent y assister, parmi 30 000 demandes. La presse présenta Jean-Paul Sartre et Simone de Beauvoir comme les « Beatles du savoir[1] ».

Les plus surpris de cet extraordinaire accueil furent les journalistes français présents sur place, car dans l'Hexagone Sartre avait déjà perdu beaucoup de son prestige intellectuel. La fin de la guerre d'Algérie avait marqué une pause dans le combat contre le colonialisme et l'impérialisme. Après la « Guerre froide », le mouvement ouvrier s'était quelque peu assagi et l'hégémonie du pouvoir gaulliste avait marginalisé la gauche. Dans ce contexte, la mission de l'intellectuel engagé n'était plus aussi claire qu'avant. Cette période de doute fut accentuée par la nouvelle conjoncture philosophique qui s'était imposée depuis quelques années en France. À partir des années 1950, Sartre s'était efforcé de concilier le marxisme et l'existentialisme pour élaborer une philosophie du sujet

---

1. Sur ce contexte, cf. Asabuki Tomiko, *Vingt-huit jours au Japon avec Jean-Paul Sartre et Simone de Beauvoir. Beauvoir et les femmes japonaises (18 septembre-16 octobre 1966)*, Paris, L'Asiathèque-Maison des langues du monde, 1996.

et de la liberté, grâce à laquelle il avait acquis sa notoriété mondiale. Mais dès le début des années 1960, celle-ci fut mise en cause par les partisans du structuralisme, dans un contexte où les sciences humaines avaient le vent en poupe. Dans *La Pensée sauvage*, publiée en 1962, Claude Lévi-Strauss avait attaqué sans ménagement la philosophie sartrienne du sujet au nom de son anthropologie structurale. Dans le domaine de la littérature, la revue *Tel Quel*, fondée en 1960, cherchait à réhabiliter le forma-lisme littéraire contre la « littérature engagée », dont Jean-Paul Sartre restait le champion.

L'offensive contre la philosophie existen-tialiste de Sartre se généralisa au cours de l'année 1965-1966, c'est-à-dire quelques mois seulement avant qu'il présente ses conférences au Japon. L'attaque débuta sur le terrain de l'épistémologie, avec l'ouvrage de Michel Fou-cault intitulé *Les Mots et les choses* (paru en avril 1966), dans lequel il défendait un « anti-humanisme théorique ». Elle se prolongea sur le terrain du langage avec l'ouvrage de Roland Barthes *Critique et vérité* (édité lui aussi en avril 1966). Puis ce furent les psychanalystes qui occupèrent le devant de la scène anti-sartrienne avec la publication des *Écrits* de Jacques Lacan (octobre 1966). Sartre fut même contesté sur l'un de ses terrains de prédilection, à savoir le marxisme, sous l'impulsion du philosophe de l'École normale supérieure, Louis Althusser, et de ses élèves. *Pour Marx* et *Lire* Le Capital, les deux ouvrages qui remettaient en cause l'interprétation existentialiste de Marx, furent publiés eux aussi au cours des mêmes mois[1].

Après une longue période de silence, Sartre répondit à ses détracteurs dans un numéro de la revue *L'Arc* paru en octobre 1966, donc pendant son séjour au Japon. Sa critique du structuralisme fut alors sans appel : « Derrière l'histoire, bien entendu, c'est le marxisme qui est visé. Il s'agit de constituer une idéologie nouvelle, le dernier barrage que la bourgeoisie puisse encore dresser contre Marx[2]. »

On comprend, dans ces conditions, pourquoi la rectification chronologique mentionnée plus haut est importante. Entre l'automne 1965 et l'automne 1966, beaucoup de choses avaient changé. Sartre ne pouvait plus ignorer, comme il l'avait fait depuis le début des années 1960, les critiques dont il était l'objet. Voilà pourquoi ses réflexions sur les intellectuels sont présentées dans ce livre sous la forme d'un « plaidoyer ». L'occasion était d'autant mieux choisie qu'il avait constaté, à travers ses lectures, que

---

1. Louis Althusser, *Pour Marx*, Paris, Maspero, 1965 ; Louis Althusser et Étienne Balibar (dir.), *Lire* Le Capital, Paris, Maspero, 1968.

2. « *Jean-Paul Sartre répond, entretien avec Bernard Pingaud* », *L'Arc*, n° 30, octobre 1966.

les intellectuels japonais étaient eux aussi mis sur la sellette. En liant leur cause et la sienne, Sartre put se présenter comme l'avocat de tous les intellectuels.

LES THÈSES DU LIVRE

Dans la première conférence, centrée sur la définition de l'intellectuel, Sartre reprend à son compte le reproche qu'on lui fait souvent : l'intellectuel est celui qui se mêle de ce qui ne le regarde pas. C'est un « technicien du savoir » (professeur, médecin, ingénieur…) qui a acquis une notoriété dans son domaine de compétence, et qui la met à profit pour intervenir dans le champ politique. Ce qui incite une petite partie des techniciens du savoir à devenir des intellectuels, c'est le fait qu'ils ne supportent plus la contradiction entre les finalités universelles de leur métier (soigner les hommes, les éduquer, etc.) et la dépendance dans laquelle ils se trouvent du fait que, dans le système capitaliste, ils servent les intérêts particuliers de la bourgeoisie. C'est ce que Sartre appelle, en reprenant à son compte une expression de Hegel, la « conscience malheureuse » des intellectuels.

La deuxième conférence est centrée sur la fonction des intellectuels. Leur rôle, aux yeux de Sartre, est de dévoiler la contradiction dans laquelle ils se débattent. Pris dans la bourrasque des événements de son temps, l'intellectuel cherche à comprendre, il tâtonne, il enquête et d'abord sur lui-même. Car il doit se situer en tant qu'individu particulier dans la société pour saisir son universalité singulière. Étant donné que son salaire provient de la plus-value des travailleurs, il fait objectivement partie de la bourgeoisie. Il renie sa classe bien qu'il soit conditionné par elle. Les privilégiés le détestent, mais les dominés se méfient de lui car il doit souvent combattre contre le retour de l'idéologie bourgeoise au sein du mouvement ouvrier. Il ne peut naviguer lucidement entre toutes ces contradictions qu'en pratiquant une autocritique constante. C'est en mettant en œuvre cette démarche dialectique qu'il prouve son statut d'intellectuel universel et qu'il peut se présenter comme le véritable gardien de la démocratie.

La troisième conférence s'interroge sur la position particulière de l'écrivain. À la différence du savant, ce dernier n'a rien de spécifique à dire. Son but n'est pas de communiquer un savoir, mais plutôt de faire appel à la liberté créatrice du lecteur. Cela n'empêche pas que l'écrivain soit affecté, lui aussi, par les contradictions du monde. Il doit en rendre compte dans son œuvre en mobilisant ses procédés d'écriture, et notamment son style. Sartre prend l'exemple de la menace que fait peser sur l'humanité l'armement nucléaire. L'écrivain ne peut l'ignorer, mais peu importe la manière dont il l'exprime. Il suffit qu'une angoisse sourde traverse son récit de page en page pour que le lecteur puisse ressentir le danger qui nous guette tous en tant qu'êtres humains. La spécificité de l'écrivain, au sens sartrien, c'est qu'il est aux prises avec la contradiction entre le particulier et l'universel, dans l'exercice même de son art, alors que c'est pour échapper à cette contradiction que les techniciens du savoir veulent parfois devenir des intellectuels. Tel est le raisonnement qui conduit Sartre à affirmer que l'écrivain est intellectuel par essence.

Ce qui frappe dans ces conférences, c'est que Jean-Paul Sartre se situe dans le droit fil des interrogations issues de l'affaire Dreyfus, même s'il les traduit dans son langage philosophique. Comme on le sait, la figure de l'intellectuel s'est imposée en janvier 1898, lorsque plusieurs pétitions signées par des écrivains, des artistes, des universitaires, des professeurs, des étudiants ont été publiées dans les journaux pour exiger la révision du procès d'Alfred Dreyfus. Il faut toutefois rappeler que si cet événement a joué un rôle capital dans la politisation de la figure de l'intellectuel, celle-ci a surgi, dans l'espace public, une dizaine d'années plus tôt[1]. La principale raison qui a poussé les journalistes à utiliser ce nouveau terme est d'ordre sociologique. Les réformes adoptées par la IIIe République au début des années 1880 (concernant la presse, l'enseignement, la démocratie parlementaire) ont brutalement accéléré la professionnalisation de la politique, de la science et du journalisme. Le triomphe de la démocratie parlementaire et l'extraordinaire développement de la presse de masse ont précipité l'intégration des classes populaires au sein d'un nouvel espace public national et centralisé à Paris[2], ce qui a contribué fortement à accentuer la division du travail entre la science, la politique et le journalisme.

Alors que depuis l'époque des Lumières un même individu pouvait exercer simultanément ces trois types d'activités, désormais ce sont des métiers séparés. L'intellectuel est un personnage inventé et popularisé par la presse parisienne pour combler le vide qui a résulté de cette séparation des fonctions. C'est un spécialiste qui

---

1. Pour une analyse sociohistorique plus détaillée ; cf. Gérard Noiriel, *Dire la vérité au pouvoir. Les intellectuels en question*, Marseille, Agone, coll. Éléments, 2010.

2. Outre l'explosion de la presse de masse, il faut rappeler que cette époque fut aussi un âge d'or pour les revues (comme la *Revue des Deux Mondes* tirée à 400 000 exemplaires ou la *Revue de Paris* tirée à 100 000 exemplaires) qui jouèrent un grand rôle pour diffuser, depuis la capitale, la nouvelle figure de l'intellectuel.

sort de son domaine de compétence pour exister dans l'espace public. Voilà pourquoi Sartre le désigne comme celui qui se mêle de ce qui ne le regarde pas.

À la fin du XIXe siècle, le clivage entre dreyfusards et antidreyfusards illustra le jeu de concurrence qui opposait, au sein des élites, les universitaires qui étaient sortis de leur domaine de compétence pour dénoncer le tribunal militaire ayant condamné Dreyfus et les universitaires qui continuaient à se comporter comme des « hommes de lettres » traditionnels (ceux que Durkheim appelait les « littérateurs »), en soutenant coûte que coûte l'armée pour ne pas affaiblir la Nation française. Ces derniers joueront d'ailleurs un rôle décisif dans la diffusion du mot « intellectuel » dans la langue française en utilisant ce qualificatif dans un sens péjoratif pour dénoncer des hommes « qui ne font que déraisonner avec autorité sur des choses de leur incompétence », comme l'écrit Ferdinand Brunetière, professeur à la Sorbonne, qui fut l'un des porte-parole des antidreyfusards[1].

L'intensité de cette polémique au sein des élites ne doit pas pour autant masquer la forte homogénéité sociale de ce milieu. Depuis

---

1. Ferdinand Brunetière, « Après le procès », *La Revue des Deux Mondes*, t. 146, 1898 (p. 428-446). Sur ces polémiques, cf. Christophe Charle, *Naissance des « intellectuels » (1880-1900)*, Paris, Minuit, 1990.

Louis XIV et la société de Cour, l'extraordinaire centralisation de la vie intellectuelle parisienne a joué un rôle décisif dans la position hégémonique et l'influence politique d'une petite caste ; domination qu'on ne retrouve dans aucun autre pays à un tel degré.

Il faut aussi préciser que la critique d'incompétence adressée par les antidreyfusards à l'égard des intellectuels n'était pas entièrement fondée dans ce cas de figure. Étant donné que toute l'accusation contre Dreyfus reposait sur un faux document, les universitaires dreyfusards ont pu justifier leur engagement civique au nom de leur compétence professionnelle (la familiarité avec la chose écrite et l'exercice régulier de la critique documentaire). La réflexion de Sartre sur l'intellectuel « qui se mêle de ce qui ne le regarde pas » ne découle donc pas de l'affaire Dreyfus elle-même, mais elle résulte de ses conséquences. Couronné de succès, l'engagement des intellectuels pouvait-il avoir une suite ? Et si oui, de quelle manière ?

Les réponses divergentes à ces questions provoqueront des déchirements au sein du camp dreyfusard. Sans entrer dans les détails, je rappellerai que le clivage majeur opposera ceux qui acceptent le principe républicain de la séparation des fonctions et ceux qui le refusent. Pour les premiers, le seul type d'intervention civique que peut légitimement assumer l'universitaire

consiste à diffuser le résultat de son travail dans
l'espace public pour aider les citoyens à mener
leurs propres combats (c'est la position d'Émile
Durkheim, que Michel Foucault défendra à sa
manière en popularisant la figure de l'« intellectuel spécifique »).

À l'inverse, pour les seconds, l'universitaire
doit intervenir dans le champ politique pour
soutenir les causes qu'il croit justes. Il faut
toutefois préciser que cette dernière mouvance
est, elle-même, divisée en deux blocs : les réformistes, qui mettent leur légitimité professionnelle au service des gouvernants (à l'époque
de Dreyfus, c'était la position des historiens
comme Ernest Lavisse ou Charles Seignobos),
et les révolutionnaires, qui rejettent la séparation des fonctions car ce n'est à leurs yeux
qu'une invention bourgeoise. Georges Sorel a
incarné cette posture avant 1914, relayé par
Paul Nizan dans l'entre-deux-guerres, puis par
Jean-Paul Sartre à partir de 1945.

Ce petit rappel permet de comprendre que
la définition de l'intellectuel a été un enjeu
constant des luttes entre la droite et la gauche.
Les écrivains conservateurs comme Maurice
Barrès, qui ironisaient sur les intellectuels
avant 1914, ont fini par reprendre le terme
à leur compte au lendemain de la Première
Guerre mondiale. Le 4 octobre 1935, l'agita-
teur d'extrême droite Henri Massis publiera

dans la presse « Le Manifeste des intellectuels français pour la défense de l'Occident et la paix en Europe » dans le but de soutenir l'invasion de l'Éthiopie par l'Italie fasciste. Ce manifeste, signé par des académiciens, des membres de l'Action française (Charles Maurras et Léon Daudet), des historiens (Pierre Gaxotte), etc., était aussi une riposte contre la création du Comité de Vigilance des Intellectuels Antifascistes, fondé après les événements du 6 février 1934 par l'ethnologue socialiste Paul Rivet, le philosophe radical Alain et le physicien Paul Langevin, proche du Parti communiste.

Ces exemples montrent que la mobilisation des intellectuels a toujours été étroitement conditionnée par le contexte politique. C'est l'intensité des luttes politiques nationales et internationales, entre les années 1930 et les années 1970, qui explique la position éminente occupée par des intellectuels qui récusaient, pour des raisons souvent contradictoires, le principe républicain de la séparation des fonctions et des compétences. Voilà pourquoi, évoquant ses souvenirs personnels, Pierre Bourdieu a rappelé qu'à ses yeux Raymond Aron (le réformiste de droite) et Jean-Paul Sartre (le révolutionnaire de gauche) occupaient des positions très proches dans l'espace social, alors que tout le monde les opposait. Valorisés depuis leur enfance en raison de leurs brillants résultats scolaires, « ces sortes d'enfants prodiges se voyaient conférer, à vingt ans, les privilèges et les obligations du génie. Dans une France économiquement et politiquement diminuée, mais toujours aussi triomphante intellectuellement, ils pouvaient se consacrer en toute innocence à la mission que leur assignaient l'université et toute une tradition intellectuelle habitée par la certitude de son universalité ; c'est-à-dire une sorte de magistère universel de l'intelligence. Armés de leur seule intelligence — ils ne s'encombraient guère de savoirs positifs — ils pouvaient aussi bien s'affronter aux tâches intellectuelles les plus immenses, comme de fonder philosophi-quement la science de la société ou de l'his-toire, ou trancher péremptoirement sur la vérité ultime des régimes politiques ou sur l'avenir de l'humanité. Mais leur assurance sans limites avait pour contrepartie la reconnaissance sans concession des obligations attachées à leur dignité[1] ».

Sartre a incarné au plus haut point la figure de l'intellectuel de gauche à un moment où celle-ci a été à son apogée. Né en 1905, il a vécu toute sa vie d'adulte au milieu d'une actualité marquée par une succession d'événements extrêmes.

---

1. Pierre Bourdieu, « À propos de Sartre… », *French Cultu-ral Studies*, 1993, IV, p. 209-211 ; repris in Pierre Bourdieu, *Interventions, 1961-2001, Science sociale et action politique*, Marseille, Agone, 2002, p. 45.

Ces circonstances particulières expliquent que
Sartre soit parvenu à incarner « l'intellectuel
total », à la fois écrivain, philosophe, journaliste
et militant, bien que la séparation de toutes ces
fonctions ait déjà été fortement avancée à son
époque.

EN QUOI CE TEXTE PEUT-IL
NOUS ÊTRE UTILE AUJOURD'HUI ?

Cette figure de l'intellectuel total est devenue
obsolète aujourd'hui parce que le contexte politique a changé (j'y reviendrai plus loin), mais
aussi parce qu'au sein du monde intellectuel,
la différenciation des activités n'a cessé de s'accentuer depuis les années 1980. Cela n'empêche
pas qu'on puisse repérer dans ce livre des éléments de réflexion qui restent pertinents dans
le monde actuel.

Le premier concerne le lien que Sartre établit
entre la compétence professionnelle du savant
(qu'il appelle « le technicien du savoir ») et le
statut d'intellectuel. Pour lui, seuls ceux qui ont
obtenu une reconnaissance préalable dans leur
propre sphère professionnelle (que ce soit la
médecine, les sciences physiques ou humaines,
l'art ou la littérature) peuvent ensuite s'en
échapper pour intervenir en tant qu'intellectuels

dans l'espace public. Cette définition, fondée sur le respect des compétences, est totalement contradictoire avec la vision dominante de l'intellectuel qui consacre aujourd'hui des universitaires omniprésents dans les médias, mais qui n'ont jamais obtenu la moindre reconnaissance dans le monde savant.

Autre point très important dans ce texte, la grande place faite à la dialectique dans le raisonnement sartrien. Ce concept, forgé par Hegel et développé par Marx, privilégie la lutte des contraires comme l'un des facteurs essentiels du progrès. Sartre mobilise la dialectique pour proposer une définition de l'intellectuel qu'on pourrait qualifier de « non identitaire ». La place faite au doute, aux évolutions tirées des leçons de l'expérience, à l'autocritique, caractérise cette démarche. La « conscience malheureuse » qui définit l'intellectuel sartrien — loin de caractériser le porte-parole d'une bonne cause parlant au nom des victimes de son choix — désigne celui qui est toujours en porte-à-faux, celui qui est considéré comme un traître par la classe dominante dont il est issu et un suspect pour la classe dominée qu'il veut défendre.

Telle est la définition de l'intellectuel universel dont il faut partir si l'on veut comprendre les réflexions de Sartre sur la question du racisme, un autre point de ce texte qui fait écho à notre actualité. Issue de ses combats contre le pouvoir colonial, alimentée par ses liens avec Franz Fanon et Léopold Sedar Senghor, l'analyse sartrienne aboutit à définir le racisme comme l'idéologie qui justifie l'impérialisme et la domination coloniale. Il ajoute toutefois qu'il ne suffit pas de dénoncer le racisme au nom des valeurs universelles de la République car le racisme est « une attitude concrète de tous les jours ». La bourgeoisie au pouvoir ne cesse de promouvoir ces valeurs pour mieux occulter les inégalités dont sont victimes les classes populaires, les femmes, les colonisés. Étant donné que l'intellectuel est lui-même issu de cette bourgeoisie, il doit, là encore, se livrer à une autocritique permanente pour éradiquer les préjugés qu'on lui a inculqués dès l'enfance.

Parmi les autres réflexions développées dans ce livre qui restent pertinentes aujourd'hui, on peut aussi retenir celles qui concernent le statut de l'écrivain. Sartre rappelle que la littérature n'a pas pour but de transmettre un message transparent, mais il refuse dans le même temps le formalisme des adeptes de l'art pour l'art. En s'appuyant sur le langage littéraire forgé par Jean Genet, et son usage subversif du genre grammatical (masculin/féminin), il souligne le rôle civique que peut jouer l'écriture en fabriquant du faux pour transmettre des informations sur le monde social, plus riches et finalement plus vraies que les messages en style télégraphique.

Bien qu'il ait pris soin d'éviter toute polémique, Sartre utilise aussi ce plaidoyer pour réfuter les principaux arguments de ses concurrents. Le « réformiste » (c'est vraisemblablement Raymond Aron qui est visé) est présenté comme un « faux intellectuel » parce qu'il met sur le même plan la violence coloniale et la violence anticoloniale. Sartre profite aussi de l'occasion pour lancer quelques piques contre les adeptes des sciences humaines qui se réclamaient du structuralisme pour discréditer l'existentialisme. Selon lui, ces sciences peuvent certes désigner la place objective de l'homme dans la société, mais elles sont incapables d'entrer dans sa subjectivité et dans son intimité ; privilège que détient seulement la littérature.

Finalement, on peut voir ce petit livre comme un plaidoyer *pro domo* dans lequel Sartre justifie sa propre trajectoire et son propre rôle civique. En affirmant que l'intellectuel est un savant qui a déserté son milieu pour intervenir dans l'arène publique, c'est son itinéraire de normalien, agrégé de philosophie, ayant rompu avec l'Université qu'il défend. En ajoutant que l'écrivain engagé est un intellectuel par essence, c'est encore sa propre position qu'il légitime. En conjuguant ces deux manières de définir l'intellectuel, il se présente finalement comme un « intellectuel au carré », unique en son genre puisque personne d'autre, à son époque, ne pouvait être considéré à la fois comme un grand philosophe et comme un grand écrivain. Ce plaidoyer était donc la meilleure réponse qu'il pouvait faire à ses adversaires.

LA POSTÉRITÉ

Impossible de conclure cette préface sans rappeler que ce texte ne constitue nullement la définition ultime de l'intellectuel défendue par Jean-Paul Sartre. Sa réflexion sur le sujet a été, en effet, complètement bouleversée par les événements de mai-juin 1968, auxquels il a participé pleinement. Paradoxalement, on peut pourtant affirmer que la nouvelle conception du rôle de l'intellectuel qu'il a développée à la suite de ce puissant mouvement social a été la raison principale qui l'a conduit à publier les conférences faites au Japon en 1966.

En même temps que Gallimard l'éditait sous forme d'ouvrage, le texte de ces conférences parut dans le recueil d'articles intitulé *Situations VIII*, mais précédé d'une note qui ne figure pas dans le livre. Sartre y justifie cette publication tardive « pour montrer l'instabilité aujourd'hui de la notion d'intellectuel. Dans mes conférences au Japon, je décrivais sans le nommer ainsi ce qu'on appelle souvent depuis 68 "l'intellectuel classique" et je montrais déjà — mais sans m'en rendre compte exactement — combien il apparaissait *unselbständig* [dépendant] comme disent les Allemands ». Sartre estime désormais que la « conscience malheureuse », qu'il définissait comme un moment dans le processus dialectique qui permet au « technicien du savoir » de devenir un intellectuel, est en réalité un obstacle insurmontable. « Aucune dénonciation politique ne pouvait compenser le fait qu'il est objectivement l'ennemi des masses ». Sartre termine cette note en affirmant que le mouvement de Mai 1968 lui a fait comprendre que l'intellectuel « ne pouvait s'arrêter au stade de la conscience malheureuse » et qu'il était nécessaire de « nier le moment intellectuel pour tenter de trouver un nouveau statut populaire »[1]. Il pense que la capacité d'auto-organisation des prolétariats rendra inutile l'intellectuel et le parti.

Comment expliquer qu'en 1972 Sartre ait tenu à publier, sous forme d'ouvrage, un texte présenté comme un « plaidoyer pour les intellectuels », alors que désormais il considérait que la fonction même de l'intellectuel était

---

1. Jean-Paul Sartre, « Plaidoyer pour les intellectuels », *Situations VIII*, Paris, Gallimard, 1972, p. 373-374.

inutile ? La réponse à cette question n'est pas simple car sa position sur le sujet a fluctué au cours de ces années[1]. Les événements de Mai 1968 ayant inauguré un nouvel âge d'or pour les intellectuels, ce n'est sans doute pas sans un certain agacement que Sartre a vu de jeunes philosophes comme Michel Foucault — qui lui faisaient la leçon depuis des années au nom de l'antihumanisme théorique — se présenter dans l'espace public comme de nouveaux intellectuels engagés, se réclamant de Nietzsche pour dénoncer les rapports entre le savoir et le pouvoir.

Comme le dit Richard Wolin, « à beaucoup d'égards, les événements de Mai s'imposèrent comme une retentissante confirmation des idées de Sartre, en particulier de sa croyance en la capacité des hommes et des femmes d'influer sur le cours des événements historiques par le biais d'actes souverains de la volonté, en dépit du caractère défavorable des conditions objectives[2] ». Le mouvement de Mai 1968 démontrait en effet que des événements non prévus par les « structures » pouvaient ébranler l'ordre social et que « l'histoire ne se confondait pas avec ce paysage opaque et glacé auquel les

1. Il faut rappeler aussi que le 18 mai 1971, Sartre fut victime d'une attaque cérébrale qui le laissa très affaibli.
2. Richard Wolin, « Le moment maoïste parfait de Sartre », *L'Homme & la Société*, 2013/1 (n° 187-188), p. 253-290.

structuralistes la réduisaient ». La publication des conférences faites au Japon fut une façon de rappeler à une jeunesse sans mémoire qu'il avait lui-même occupé le terrain de la réflexion sur les intellectuels bien avant 68. Sans doute y fut-il aussi incité par son éditeur car les événements de Mai donnèrent naissance à un nouveau marché que Gallimard tenta d'exploiter avec une nouvelle collection, « Les Presses d'aujourd'hui », dont une série était dédiée à « la France sauvage ». Le premier volume intitulé *On a raison de se révolter*, coécrit par Jean-Paul Sartre, fut publié en 1973[1].

Bien qu'il ait appelé, dans la note citée plus haut, à « nier le moment intellectuel pour tenter de trouver un nouveau statut populaire », Sartre n'a jamais renié sa fonction d'intellectuel. Lors de sa fameuse intervention du 21 octobre 1970, devant les portes de l'usine de Boulogne-Billancourt, il se présenta lui-même comme un intellectuel et appela les ouvriers à retisser des liens avec les membres de sa corporation, comme cela avait été le cas au XIXe siècle. Au cours de la même période, il donna des précisions sur son nouveau point de vue dans une revue américaine. « Nous pouvons dire que de

---

1. Philippe Gavi, Jean-Paul Sartre, Pierre Victor, *On a raison de se révolter*, Paris, Gallimard, 1974. Le titre reprend un propos de Mao Tsé-toung lorsqu'il a lancé la révolution culturelle.

1940 à 1968 j'étais un intellectuel de gauche [a left-wing intellectual], et que depuis 1968 je suis devenu un intellectuel gauchiste [a leftist intellectual]. La différence est celle de l'action. Un intellectuel gauchiste est un intellectuel qui prend conscience qu'être un intellectuel ne l'exempte de rien. Il abandonne ses privilèges, ou les met à l'épreuve dans des actions[1]. »

Sartre mit en application cette nouvelle définition en s'engageant aux côtés des militants maoïstes. Désormais, ce n'est plus comme philosophe ni même comme écrivain qu'il intervient dans l'espace public, mais comme militant maoïste. Après avoir pris la direction de l'hebdomadaire *La Cause du Peuple* en mai 1970, il lance avec quelques journalistes le quotidien *Libération* au printemps 1973, dont il devient codirecteur.

La génération qui a succédé à Jean-Paul Sartre a rejeté sa position d'« intellectuel universel » (Michel Foucault) ou d'« intellectuel total » (Pierre Bourdieu)[2], mais ses chefs de file ont fini par incarner, eux aussi, ce type de posture.

Foucault est devenu l'un des principaux porte-parole des minorités discriminées, des

1. Jean-Paul Sartre, « Sartre Accuses the Intellectuals of Bad Faith », interview with John Gerassi, *New York Times Magazine*, 17 octobre 1971, p. 118 ; cité par Richard Wolin, art. cit.
2. Pierre Bourdieu, « Sartre, l'invention de l'intellectuel total », *Libération*, 31/03/1983.

mouvements gays et féministes, des associations luttant contre la prison, l'internement psychiatrique, la peine de mort, etc. En 1979-80, il a apporté son soutien aux révolutions iranienne et polonaise. Quant à Bourdieu, quelques années après la mort de Sartre, il a repris à son compte la logique du plaidoyer sartrien en refusant de se ranger derrière ceux qui proclamaient la « fin des intellectuels ». Tout en reconnaissant que la mission de l'intellectuel dont Sartre avait été à la fois le créateur et la créature n'était qu'un « mythe », il estimait qu'il fallait le défendre et le maintenir en s'engageant dans la construction d'un intellectuel collectif[1].

Force est de constater que cet appel est resté un vœu pieux. Après la mort des grands penseurs de cette génération (Foucault, Bourdieu, Derrida, Deleuze, etc.), la définition de l'intellectuel que Sartre propose dans ce livre, fondée sur le principe d'une compétence spécialisée préalable à l'engagement dans l'espace public, s'est effondrée. Cette évolution a été commentée en termes sévères par les universitaires étrangers. Pour l'historien britannique Perry Anderson, par exemple, l'importance démesurée accordée aux intellectuels médiatiques, qui interviennent

---

1. Pierre Bourdieu, « D'abord défendre les intellectuels », propos recueillis par Didier Eribon, *Le Nouvel Observateur*, 12-18 septembre 1986.

constamment aujourd'hui sur tous les sujets
sans aucune compétence spécifique, illustre le
profond déclin de l'intelligentsia française. « Il
serait difficile d'imaginer une inversion plus
radicale des normes nationales en matière de
goût et d'intelligence », ajoute-t-il[1].

Plusieurs raisons objectives expliquent pourquoi le type d'intellectuel total qu'a incarné
Sartre ne peut plus exister de nos jours en
France. Tout d'abord, il faut rappeler que sa
légitimité reposait largement sur la confusion
entre le national et l'universel, caractéristique
d'une époque où la pensée française s'étendait
sur une large partie du monde, mais aussi où
la centralisation parisienne des élites cimen-
tait des réseaux de pouvoir liant entre eux une
partie des mondes universitaire, littéraire et
politique. Cette confusion du national et de
l'universel était aussi typique d'une société où
la domination masculine s'exerçait sans par-
tage ; l'intellectuel universel à la Sartre étant
forcément un homme.

Aujourd'hui les choses ont changé. La mon-
dialisation des échanges a contribué à provin-
cialiser la pensée française et les femmes sont
de plus en plus nombreuses à revendiquer le

---

1. Perry Anderson, *La pensée tiède. Un regard critique sur la
culture française*, suivi de Pierre Nora, *La pensée réchauffée*,
Paris, Seuil, 2005, p. 101.

statut d'intellectuelles. De plus, les réseaux de pouvoir, même s'ils sont toujours centralisés à Paris, sont de plus en plus dépendants des grands médias, ce qui affaiblit du même coup l'autonomie du savoir universitaire.

Toutes ces raisons permettent de comprendre pourquoi, comme le note Shlomo Sand, le prestige de l'intellectuel a migré de la France vers d'autres pays et notamment vers les États-Unis[1]. Il faut néanmoins relativiser ces constats pessimistes en rappelant qu'un grand nombre de « techniciens du savoir » continuent aujourd'hui à assumer leur fonction d'intellectuel, mais dans l'ombre des médias. Le renouveau des luttes sociales et les opportunités nouvelles qu'offrent les réseaux sociaux sont des facteurs qui rendent possible l'émergence de cet intellectuel collectif dont ont rêvé les générations précédentes sans jamais le rendre effectif.

Au bout du compte, ce qui reste le plus précieux dans la définition sartrienne de l'intellectuel défendue dans ce *Plaidoyer*, c'est l'importance qu'elle accorde à l'interrogation sur soi-même. Trop souvent, en effet, les universitaires qui se présentent aujourd'hui comme des « intellectuels » se placent en dehors de la mêlée, comme s'il était possible d'occuper

---

1. Shlomo Sand, *La fin de l'intellectuel français ? De Zola à Houellebecq*, Paris, La Découverte, 2016.

une « position imprenable ». La dialectique sartrienne nous rappelle pourtant que les vrais intellectuels doivent nécessairement s'interroger sur eux-mêmes et se montrer capables de dire, y compris à ceux dont ils partagent les causes, « des choses qu'ils n'ont pas envie d'entendre », pour reprendre une formule de George Orwell[1].

---

1. George Orwell, *La ferme des animaux*, Paris, Gallimard, coll. Folio, 1984 (1945).

QU'EST-CE QU'UN INTELLECTUEL ?

1.

SITUATION DE L'INTELLECTUEL

À ne considérer que les reproches qu'on leur adresse, il faut que les intellectuels soient de bien grands coupables. Il est frappant, d'ailleurs, que ces reproches soient partout les mêmes. Au Japon, par exemple, quand j'ai lu de nombreux articles de la presse et des revues japonaises, traduits en anglais pour le monde occidental, j'ai cru comprendre que, après l'époque Meiji, il y avait eu divorce entre le pouvoir politique et les intellectuels ; après la guerre et, surtout, entre 1945 et 1950, on aurait dit qu'ils avaient pris le pouvoir politique et fait beaucoup de mal. À la même époque, si on lit notre presse, il semble qu'ils aient régné en France et provoqué des catastrophes : c'était chez vous comme chez nous, après un désastre militaire (nous appelons le nôtre une victoire, vous appelez le vôtre une défaite) la période de remilitarisation de la société à la faveur de la guerre froide. Les intellectuels n'auraient rien compris à ce processus. Ici comme chez nous on les condamne pour les mêmes raisons violentes et contradictoires. Vous dites qu'ils sont faits pour conserver et transmettre la culture donc, par essence, *conservateurs*, mais qu'ils se sont trompés sur leur office et leur rôle et qu'ils sont devenus critiques et négatifs, que, s'attaquant sans cesse au pouvoir, ils n'ont vu que le mal dans l'histoire de leur pays. En conséquence, ils se sont trompés sur *tout,* ce qui ne serait pas si grave, s'ils n'avaient trompé le peuple en toutes les circonstances importantes.

Tromper le peuple ! Cela veut dire : obtenir qu'il tourne le dos à ses propres intérêts. Les intellectuels disposeraient donc d'un certain pouvoir sur le même terrain que le gouvernement ? Non, dès qu'ils s'écartent du conservatisme culturel qui définit leur action et leur office, on leur reproche, justement, de tomber dans l'impuissance : qui les écoute ? Du reste, ils sont faibles par nature : ils ne *produisent* pas et n'ont que leur salaire pour vivre ce qui leur ôte toute possibilité de se défendre dans la société civile aussi bien que dans la société politique. Les voici donc inefficaces et ondoyants ; faute d'avoir un pouvoir économique ou social, ils se prennent pour une élite appelée à juger de tout, ce qu'ils ne sont pas. De là viennent leur moralisme et leur idéalisme (ils pensent comme s'ils vivaient déjà dans l'avenir lointain et jugent notre temps du point de vue abstrait de l'avenir).

Ajoutons : leur *dogmatisme* ; ils se réfèrent à des principes intangibles mais abstraits pour décider de ce qu'on doit faire. On vise ici, bien entendu, le marxisme ; c'est tomber dans une contradiction nouvelle puisque le marxisme s'oppose par principe au moralisme. Elle ne gêne pas puisqu'on la projette en eux. De toute manière on leur opposera le réalisme des politiques : pendant que les intellectuels trahissent leur fonction, leur raison d'être et s'identifient à « l'esprit qui toujours nie », les politiques, chez vous et chez nous, ont modestement reconstruit le pays ravagé par la guerre, faisant preuve d'un sage empirisme, lié, précisément, aux traditions et, dans certains cas, aux nouvelles pratiques (et théories) du monde occidental. De ce point de vue, on va plus loin en Europe qu'au Japon ; vous tenez les intellectuels pour un mal *nécessaire* : il en faut pour conserver, transmettre, enrichir la culture ; certains seront toujours des brebis galeuses, il suffira de combattre leur influence. Chez nous, on annonce leur mort : sous l'influence d'idées américaines, on prédit la disparition de ces hommes qui prétendent

tout savoir : les progrès de la science auront
pour effet de remplacer ces universalistes par
des équipes de chercheurs rigoureusement spécialisés.

Est-il possible, malgré leurs contradictions,
de trouver un sens commun à toutes ces critiques ? Oui ; disons qu'elles s'inspirent toutes
d'un reproche fondamental : *l'intellectuel est
quelqu'un qui se mêle de ce qui ne le regarde pas*
et qui prétend contester l'ensemble des vérités
reçues et des conduites qui s'en inspirent au
nom d'une conception globale de l'homme et de
la société — conception aujourd'hui impossible
donc abstraite et fausse — puisque les sociétés de croissance se définissent par l'extrême
diversification des modes de vie, des fonctions
sociales, des problèmes concrets. Or, *il est vrai*
que l'intellectuel est quelqu'un qui se mêle de
ce qui ne le regarde pas. Cela est si vrai que,
chez nous, le mot « intellectuel » appliqué
aux personnes s'est popularisé, avec son sens
négatif, au temps de l'affaire Dreyfus. Pour les
antidreyfusistes, l'acquittement ou la condamnation du capitaine Dreyfus concernaient les tri-
bunaux militaires et, en définitive, l'*État-Major* :
les dreyfusards, en affirmant l'innocence de
l'inculpé, se plaçaient *hors de leur compétence*.
Originellement, donc, l'ensemble des intellectuels apparaît comme une diversité d'hommes
ayant acquis quelque notoriété par des travaux

qui relèvent de l'intelligence (science exacte, science appliquée, médecine, littérature, etc.) et qui *abusent* de cette notoriété pour sortir de leur domaine et critiquer la société et les pouvoirs établis au nom d'une conception globale et dogmatique (vague ou précise, moraliste ou marxiste) de l'homme.

Et, si l'on veut un exemple de cette conception commune de l'intellectuel, je dirai qu'on n'appellera pas « intellectuel » des savants qui travaillent sur la fission de l'atome pour perfectionner les engins de la guerre atomique : ce sont des savants, voilà tout. Mais si ces mêmes savants, effrayés par la puissance destructrice des engins qu'ils permettent de fabriquer, se réunissent et signent un manifeste pour mettre l'opinion en garde contre l'usage de la bombe atomique, ils deviennent des intellectuels. En effet : 1° ils sortent de leur compétence : fabriquer une bombe est une chose, juger de son emploi en est une autre ; 2° ils abusent de leur célébrité ou de la compétence qu'on leur reconnaît pour faire violence à l'opinion, masquant par là l'abîme infranchissable qui sépare leurs connaissances scientifiques de l'appréciation *politique* qu'ils portent à partir *d'autres principes* sur l'engin qu'ils mettent au point ; 3° ils ne condamnent pas, en effet, l'usage de la bombe pour avoir constaté des défectuosités techniques mais au nom d'un système de valeurs éminemment contestable qui prend pour norme suprême la vie humaine.

Que valent ces griefs fondamentaux ? Correspondent-ils à une réalité ? Nous ne pouvons en décider sans tenter d'abord de savoir ce *qu'est* un intellectuel.

2.
QU'EST-CE QU'UN INTELLECTUEL ?

Puisqu'on lui reproche de sortir de *sa* compétence, il apparaît donc comme un cas particulier d'un ensemble de personnes qui se définissent par des fonctions socialement *reconnues*. Voyons ce que cela signifie.

Toute *praxis* comporte plusieurs moments. L'action nie partiellement ce qui *est* (le champ pratique se donne comme situation à *changer*) au profit de ce qui *n'est pas* (fin à atteindre, redistribution des données premières de la situation pour, en dernière analyse, reproduire la vie). Mais cette négation est dévoilement et s'accompagne d'une affirmation puisqu'on réalise *ce qui n'est pas avec ce qui est*, la saisie dévoilante de ce qui est à partir de ce qui n'est pas doit être aussi précise que possible puisqu'elle doit trouver dans ce qui est donné le moyen de réaliser ce qui n'est pas encore (la résistance à exiger d'un matériau se dévoile en fonction de la pression qu'il doit subir). Ainsi la *praxis* comporte le moment du savoir pratique qui révèle, dépasse, conserve et déjà modifie la réalité. À ce niveau se placent la recherche et la vérité pratique, définie comme saisie de l'être en tant qu'il renferme la possibilité de son propre changement orienté. La vérité vient à l'être à partir du non-être, au présent à partir de l'avenir pratique. De ce point de vue, l'entreprise *réalisée* est la *vérification* des possibilités découvertes (si je passe sur le pont de fortune de l'autre côté de la rivière, le matériau élu et rassemblé offre bien la résistance prévue). De ce fait, le savoir pratique est invention *d'abord*. Pour être découvertes, utilisées et vérifiées, il faut que les possibilités soient d'abord *inventées*. En ce sens, tout homme est *projet* : *créateur,* puisqu'il invente ce qui *est déjà*, à partir de ce qui n'est pas encore, *savant*, puisqu'il ne réussira pas sans déterminer avec certitude les possibilités qui permettent de mener à bien l'entreprise, *chercheur* et *contestataire* (puisque la fin posée indique schématiquement ses moyens, dans la mesure où elle est elle-même abstraite, il doit chercher les moyens concrets, ce qui revient à préciser par eux la fin et l'enrichir parfois en la déviant. Cela signifie qu'il met en question la fin par les moyens et réciproquement jusqu'à ce que la fin devienne l'unité intégrante des moyens utilisés).

À ce moment, il lui faut alors décider si « ça vaut le coup », autrement dit si la fin intégrante, envisagée du point de vue global de la *vie*, vaut l'ampleur des *transformations énergétiques* qui la réaliseront ou, si l'on préfère, si le gain vaut la dépense d'énergie. Car nous vivons dans le monde de la rareté où toute dépense apparaît par quelque côté comme un gaspillage.

Dans les sociétés modernes, la division du travail permet de donner à différents groupes les diverses tâches qui, mises ensemble, constituent la *praxis*. Et, pour ce qui nous intéresse, d'engendrer des spécialistes du savoir pratique. En d'autres termes, par et dans ce groupe particulier le *dévoilement*, qui est un moment de l'action, s'isole et se pose pour soi. Les fins sont définies par la classe dominante et réalisées par les classes travailleuses, mais l'étude des moyens est réservée à un ensemble de techniciens qui appartiennent à ce que Colin Clarke nomme le secteur tertiaire et qui sont des savants, des ingénieurs, des médecins, des hommes de loi, des juristes, des professeurs, etc. Ces hommes, en tant qu'individus, ne diffèrent pas des autres hommes puisque chacun d'eux, quoi qu'il fasse, dévoile et conserve l'être qu'il dépasse par son projet de l'aménager. Reste que la fonction sociale qui leur est attribuée consiste dans l'examen critique du champ des possibles et que ni l'appréciation des fins ne leur appartient ni,

dans la plupart des cas (il y a des exceptions :
le chirurgien, par exemple), la réalisation. L'ensemble de ces techniciens du savoir pratique
ne sont pas encore des intellectuels mais c'est
parmi eux — et nulle part ailleurs — que ceux-ci
se recrutent.

Pour mieux comprendre ce qu'ils sont,
voyons comment, en France, ils sont apparus.
Jusque vers le XIVe siècle, le clerc — homme
d'Église — est, lui aussi, détenteur d'un savoir.
Ni les barons ni les paysans ne savent lire. La
lecture est le *fait du clerc*. Mais l'Église a un
pouvoir économique (immenses richesses) et
un pouvoir politique (comme le prouve la trêve
de Dieu qu'elle a imposée aux féodaux et su
faire respecter dans la plupart des cas). Elle
est, en tant que telle, gardienne d'une *idéologie,*
le christianisme, qui l'exprime et qu'elle inculque aux autres classes. Le clerc est médiateur
entre le seigneur et le paysan ; il leur permet
de se reconnaître en tant qu'ils ont (ou croient
avoir) une idéologie commune. Il conserve
les dogmes, transmet la tradition et l'adapte.
En tant qu'homme d'Église, il ne saurait être
un spécialiste du savoir. Il offre une image
mythique du monde, un mythe totalitaire qui,
tout en exprimant la conscience de classe de
l'Église, définit la place et le destin de l'homme
dans un univers tout entier sacré, précise la hiérarchie sociale.

Le spécialiste du savoir pratique apparaît avec le développement de la bourgeoisie. Cette classe de marchands entre, dès qu'elle se constitue, en conflit avec l'Église dont les principes (*juste* prix, condamnation de l'usure) entravent le développement du capitalisme commercial. Elle adopte pourtant et conserve l'idéologie des clercs, ne se souciant pas de définir sa propre idéologie. Mais elle choisit parmi ses fils des auxiliaires techniques et des défenseurs. Les flottes commerciales impliquent l'existence de savants et d'ingénieurs ; la comptabilité en partie double réclame des calculateurs qui donneront naissance à des mathématiciens ; la propriété *réelle* et les contrats impliquent la multiplication des hommes de loi, la médecine se développe et l'anatomie est à l'origine du réalisme bourgeois dans les arts. Ces experts de moyens naissent donc de la bourgeoisie et en elle : ils ne sont ni une classe ni une élite : totalement intégrés à la vaste entreprise qu'est le capitalisme commercial, ils lui fournissent les moyens de se maintenir et de s'amplifier. Ces savants et ces praticiens ne sont les gardiens d'aucune *idéologie* et leur fonction n'est certes pas d'en donner une à la bourgeoisie. Dans le conflit qui oppose les bourgeois à l'idéologie d'Église, ils interviendront peu : les problèmes se formulent au niveau des clercs et par eux ; ceux-ci s'opposent entre eux au nom de l'universalité synthétique au moment où le développement du commerce aura fait de la bourgeoisie une puissance à intégrer. De leurs tentatives pour adapter l'idéologie sacrée aux besoins de la classe montante naissent à la fois la Réforme (le protestantisme est l'idéologie du capitalisme commercial) et la Contre-Réforme (les jésuites disputent les bourgeois à l'Église réformée : la notion d'usure fait place, grâce à eux, à celle du crédit). Les hommes du savoir vivent dans ces conflits, ils les infériorisent, ils en ressentent les contradictions mais n'en sont pas encore les agents principaux.

En vérité aucune adaptation de l'idéologie sacrée ne pouvait satisfaire la bourgeoisie qui ne trouvait son intérêt que dans la *désacralisation de tous les secteurs pratiques*. Or, c'est — par-delà les conflits entre clercs — ce que, sans même s'en rendre compte, les techniciens du savoir pratique produisent en éclairant la *praxis* bourgeoise sur elle-même et en définissant le lieu et le temps où se déroule la circulation des marchandises. Au fur et à mesure qu'on laïcise un secteur sacré, Dieu se dispose à remonter au ciel : à partir de la fin du XVIIe siècle, c'est le *Dieu caché*. Dans ce moment, la bourgeoisie ressent le besoin de s'affirmer comme classe à partir d'une conception globale du monde, c'est-à-dire d'une idéologie : tel est le sens de ce qu'on a appelé « la crise de la pensée dans l'Europe occidentale ». Cette idéologie, ce ne sont pas les clercs qui la construiront mais les spécialistes du savoir pratique : des hommes de loi (Montesquieu), des hommes de lettres (Voltaire, Diderot, Rousseau), des mathématiciens (d'Alembert), un fermier général (Helvétius), des médecins, etc. Ils prennent la place des clercs et se nomment *philosophes*, c'est-à-dire « amants de la Sagesse ». La Sagesse, c'est la Raison. Outre leurs travaux spécialisés, il s'agit de créer une conception rationnelle de l'Univers qui embrasse et justifie les *actions* et les *revendications* de la bourgeoisie.

Ils useront de la méthode analytique qui n'est autre que la méthode de recherche qui a fait ses preuves dans les sciences et les techniques de l'époque. Ils l'appliqueront aux problèmes de l'histoire et de la société : c'est la meilleure arme contre les traditions, les privilèges et les mythes de l'aristocratie, fondée sur un syncrétisme sans rationalité. La prudence fera, toutefois, qu'ils déguiseront les vitriols qui rongent les mythes aristocratiques et théocratiques par des syncrétismes de façade. Je citerai pour seul exemple l'idée de *Nature*, compromis entre l'objet rigoureux des sciences exactes et le monde chrétien créé par Dieu. C'est l'un et l'autre : la *Nature* est d'abord l'idée d'une unité totalisante et syncrétique de tout ce qui existe — ce qui nous renvoie à une Raison divine ; mais c'est aussi l'idée que tout est soumis à des lois et que le Monde est constitué par des séries causales en nombre infini et que chaque objet de connaissance est l'effet fortuit de la rencontre de plusieurs de ces séries, ce qui aboutit nécessairement à supprimer le Démiurge. Ainsi, à l'abri de ce concept bien choisi, on peut être chrétien, déiste, panthéiste, athée, matérialiste, soit qu'on dissimule sa pensée profonde sous cette façade à laquelle on ne croit point, soit qu'on se dupe soi-même et qu'on soit croyant et incroyant *à la fois*. La plupart des philosophes étaient dans ce dernier cas, en tant que spécialistes du savoir pratique, malgré tout influencés par les croyances inculquées dans leur petite enfance.

À partir de là, leur travail consiste à donner à la bourgeoisie des armes contre la féodalité et à la confirmer dans sa conscience orgueilleuse d'elle-même. En étendant l'idée de *loi naturelle* au domaine économique — erreur inévitable mais fondamentale —, ils font de l'économie un secteur laïcisé et extérieur à l'homme : l'inflexibilité des lois qu'on ne peut même rêver de modifier oblige à s'y soumettre ; l'économie fait partie de la Nature : en elle aussi on ne commandera à la Nature qu'en lui obéissant. Quand les philosophes réclament la liberté, le droit de libre examen, ils ne font que réclamer l'indépendance de la pensée qui est nécessaire aux recherches pratiques (qu'ils opèrent en même temps) mais pour la classe bourgeoise, cette revendication vise avant tout l'abolition des entraves féodales au commerce et le libéralisme ou libre compétition économique. De la même manière, l'*individualisme* apparaît aux propriétaires bourgeois comme l'affirmation de la propriété *réelle,* relation sans intermédiaires du possesseur au bien possédé, contre la propriété féodale qui est, avant tout, relations des hommes entre eux. L'*atomisme social* résulte de l'application à la société de la pensée scientifique de l'époque : le bourgeois s'en sert pour *refuser* les « organismes » sociaux. L'égalité de tous les atomes sociaux est une conséquence nécessaire de l'idéologie scientiste, qui s'appuie sur la Raison analytique : les bourgeois s'en serviront pour disqualifier les nobles en leur opposant le *reste* des hommes. À l'époque, en effet, la bourgeoisie, comme a dit Marx, se tient pour la classe universelle.

Bref les « philosophes » ne font pas autre chose que ce qu'on reproche aujourd'hui aux *intellectuels* : ils utilisent leurs méthodes pour un autre but que celui qu'elles devaient atteindre, c'est-à-dire pour constituer une idéologie bourgeoise, fondée sur le scientisme mécaniste et analytique. Faut-il voir en eux les premiers intellectuels ? Oui et non. De fait, ce sont des aristocrates qui leur reprochent, à l'époque, de se mêler de ce qui ne les regarde pas. Et des prélats. Mais non pas *la* bourgeoisie. C'est que leur idéologie n'est pas tirée du néant : la classe bourgeoise la produisait à l'état brut et diffus dans et par *sa pratique* commerciale ; elle se rendait compte qu'elle en avait besoin pour prendre conscience d'elle-même à travers des signes et des symboles ; pour dissoudre et briser les idéologies des autres classes sociales. Les « philosophes » apparaissent donc comme des intellectuels *organiques* au sens que Gramsci prête à ce mot : nés de la classe bourgeoise, ils se chargent d'exprimer l'*esprit objectif* de cette classe. D'où vient cet accord organique ? D'abord, de ce qu'ils sont engendrés par elle, portés par ses succès, pénétrés de ses coutumes et de sa pensée. Ensuite et surtout de ce que le mouvement de la recherche scientifique, pratique, et celui de la classe montante se correspondent : esprit de contestation, rejet de principe d'autorité et des entraves au libre commerce, universalité des lois scientifiques, universalité de l'homme opposée au particularisme féodal, cet ensemble de valeurs et d'idées — qui aboutit finalement à ces deux formules : tout homme est bourgeois, tout bourgeois est homme — porte un nom : c'est l'*humanisme* bourgeois.

Ce fut l'âge d'or : nés, éduqués, formés dans la bourgeoisie, les « philosophes », avec son accord, luttaient pour en dégager l'idéologie. Cet âge est loin. Aujourd'hui la classe bourgeoise est au pouvoir mais nul ne peut plus la tenir pour la classe universelle. Cela seul suffirait à rendre son « humanisme » périmé. D'autant que cette idéologie suffisante au temps du capitalisme familial, ne convient guère au temps des monopoles. Elle tient encore, pourtant : la bourgeoisie persiste à se dire humaniste, l'Occident s'est baptisé *monde libre,* etc. Cependant dans le dernier tiers du XIXe siècle et, particulièrement, depuis l'affaire Dreyfus, les petits-fils des philosophes sont devenus des *intellectuels.* Qu'est-ce que cela veut dire ?

Ils se recrutent toujours parmi les techniciens du savoir pratique. Mais pour les définir, il faut dénombrer les caractères *présents* de cette catégorie sociale.

1° Le technicien du savoir pratique est recruté *d'en haut.* Il n'appartient plus, en général, à la classe dominante mais celle-ci le désigne *dans son être* en décidant des *emplois :* d'après la nature exacte de son entreprise (par exemple selon la phase de l'industrialisation), d'après les besoins sociaux considérés selon *ses* options particulières et *ses* intérêts (une société choisit *en partie* le nombre de ses morts selon la part de la plus-value qu'elle consacre au développement de la médecine). L'emploi, comme poste à pourvoir et rôle à jouer, définit *a priori* l'avenir d'un homme abstrait mais *attendu* : tant de postes de médecins, d'enseignants, etc., pour 1975, cela signifie à la fois pour toute une catégorie d'adolescents une structuration du champ des possibles, les études à entreprendre et, d'autre part, un *destin* : de fait, il arrive souvent que le poste les attende *avant* la naissance même, comme leur *être social* ; il n'est rien d'autre, en effet, que l'unité des fonctions qu'ils auront à remplir *au jour le jour.* Ainsi la classe dominante décide du nombre des techniciens du savoir pratique en fonction du *profit,* qui est sa fin suprême. Elle décide en même temps quelle part de la plus-value elle consacrera à leurs salaires, en fonction de la croissance industrielle, de la conjoncture, de nouveaux besoins apparus (la production de masse, par exemple, implique un développement considérable de la publicité, d'où un nombre sans cesse croissant de techniciens-psychologues, de statisticiens, d'inventeurs d'idées publicitaires, d'artistes pour *réaliser* celles-ci, etc., ou l'adoption de l'*human engineering* implique le concours direct de psychotechniciens et de sociologues). Aujourd'hui, la chose est claire : l'industrie veut mettre la main sur l'université pour obliger celle-ci à abandonner le vieil humanisme périmé et à le remplacer par des disciplines spécialisées, destinées à donner aux entreprises des testeurs, cadres secondaires, *public relations,* etc.

2° La formation idéologique et technique du spécialiste du savoir pratique est, elle aussi, définie par un système constitué d'en haut (primaire, secondaire, supérieur) et nécessairement *sélectif*. La classe dominante règle l'enseignement de manière à leur donner : *a)* l'idéologie qu'elle juge convenable *(primaire et secondaire)* ; *b)* les connaissances et pratiques qui les rendront capables d'exercer leurs fonctions (supérieur).

Elle leur enseigne donc *a priori* deux rôles : elle fait d'eux à la fois des spécialistes de la recherche et des serviteurs de l'hégémonie, c'est-à-dire des gardiens de la tradition. Le deuxième rôle les constitue — pour employer une expression de Gramsci — en « fonctionnaires des superstructures » ; en tant que tels, ils reçoivent un certain pouvoir, celui « d'exercer les fonctions subalternes de l'hégémonie sociale et du gouvernement politique » (les testeurs sont des flics, les professeurs des sélectionnistes, etc.). Ils sont implicitement chargés de transmettre les valeurs (en les remaniant, au besoin, pour les adapter aux exigences de l'actualité) et de combattre, à l'occasion, les arguments et les valeurs de toutes les autres classes en arguant de leurs connaissances techniques. À ce niveau, ils sont les agents d'un *particularisme* idéologique, tantôt avoué (nationalisme agressif des penseurs nazis), tantôt dissimulé (humanisme libéral, c'est-à-dire fausse universalité). Il est à noter, à ce niveau, qu'ils sont chargés de s'occuper de ce qui ne les regarde pas. Pourtant nul ne songera à les appeler des *intellectuels* : cela tient à ce qu'ils font passer abusivement pour des lois scientifiques ce qui n'est en fait que l'idéologie dominante. Au temps des colonies, des psychiatres ont fait des travaux soi-disant rigoureux pour établir l'infériorité des Africains (par exemple) sur l'anatomie et la physiologie de leurs cerveaux. Par là, ils contribuaient à maintenir l'humanisme bourgeois : tous les hommes sont égaux *sauf* les colonisés qui n'ont de l'homme que l'apparence. D'autres travaux établissaient de la même manière l'infériorité des femmes : l'humanité était faite de bourgeois, blancs et masculins.

3° Les relations de classes règlent automatiquement la sélection des techniciens du savoir pratique : en France, il n'y a guère d'ouvriers dans cette catégorie sociale parce qu'un fils d'ouvrier a les plus grandes difficultés à faire des études supérieures ; on y trouve un plus grand nombre de paysans parce que les dernières émigrations rurales se sont faites vers le petit fonctionnariat des villes. Mais surtout ce sont des fils de petits-bourgeois. Un système de bourses (l'enseignement est gratuit mais il faut vivre) permet au pouvoir de faire telle ou telle politique de recrutement selon les circonstances.

Ajoutons en outre que même pour les enfants des classes moyennes, le champ des possibles est rigoureusement limité par les ressources familiales : six années de médecine pour leur fils, c'est trop lourd pour le budget des couches inférieures des classes moyennes. Ainsi tout est rigoureusement défini pour le technicien du savoir pratique. Né, en général, dans la couche médiane des classes moyennes, où on lui inculque dès la petite enfance l'idéologie particulariste de la classe dominante, son travail le range *de toute manière* dans la classe moyenne. Cela signifie qu'il n'a, en général, aucun contact avec les travailleurs et pourtant qu'il est complice de leur exploitation par le patronat puisque, en tout état de cause, il vit sur la plus-value. En ce sens, son être social et son destin lui viennent de dehors : il est l'homme des moyens, l'homme-moyen, l'homme des classes moyennes ; les fins générales auxquelles se rapportent ses activités ne sont pas *ses* fins.

C'est à ce niveau que l'*intellectuel* apparaît.

Tout vient de ce que le travailleur social que la classe dominante a constitué en technicien du savoir pratique souffre à plusieurs niveaux d'une même contradiction :

1° Il est « humaniste » dès sa petite enfance : cela signifie qu'on lui a fait croire que tous les hommes étaient égaux. Or, s'il se considère, il prend conscience d'être par lui-même la preuve de l'inégalité des conditions humaines. Il possède un *pouvoir* social qui vient de son savoir coulé dans une pratique ? Ce savoir, il l'a abordé, fils d'un commis ou d'un haut salarié ou d'un représentant des professions libérales, en *héritier* : la culture était dans sa famille avant qu'il y naquît ; ainsi naître dans sa famille ou naître dans la culture, c'est tout un. Et, s'il est issu des classes travailleuses, il n'a pu réussir que par la raison qu'un système complexe et *jamais juste* de sélections a éliminé la majeure partie de ses camarades. Il est, de toute manière, possesseur d'un privilège injustifié, même et, en un sens, surtout s'il a réussi brillamment à toutes les épreuves. Ce privilège — ou monopole du savoir — est en contradiction radicale avec l'égalitarisme humaniste. En d'autres termes il devrait y renoncer. Mais comme il *est* ce privilège, il n'y renoncera qu'en s'abolissant lui-même, ce qui contredit l'instinct de vie si profondément enraciné dans la plupart des hommes.

2° Le « philosophe » du XVIIIe siècle avait, nous l'avons vu, la chance d'être l'intellectuel organique de *sa* classe. Cela signifie que l'idéologie de la bourgeoisie — qui contestait les formes périmées du pouvoir féodal — semblait naître spontanément des principes généraux de la recherche scientifique, illusion qui provenait de ce que la bourgeoisie, contre l'aristocratie qui se voulait particularisée par le sang ou la race, réclamait l'universalité, se prenant pour la classe universelle.

Aujourd'hui, l'idéologie bourgeoise qui, au départ, a imprégné les techniciens du savoir pratique, par l'éducation et l'enseignement des « humanités », est en contradiction avec cette autre part constitutive d'eux-mêmes, leur fonction de chercheurs, c'est-à-dire leur savoir et leurs méthodes : c'est par là qu'ils sont universalistes puisqu'ils cherchent des connaissances et des pratiques universelles. Mais s'ils appliquent leurs méthodes à considérer la classe dominante et son idéologie — qui est aussi *la leur* —, ils ne peuvent se dissimuler que l'une et l'autre sont sournoisement *particularistes*. Et, dès lors, dans leurs recherches mêmes, ils découvrent l'aliénation puisqu'ils sont les moyens de fins qui leur demeurent étrangères et qu'on leur interdit de mettre en question. Cette contradiction ne vient pas d'eux mais de la classe dominante elle-même. On le verra clairement par un exemple tiré de votre histoire.

En 1886, Arinari Mori réforme au Japon l'Instruction publique : l'éducation primaire doit être basée sur l'idéologie du militarisme et du nationalisme, elle développe chez l'enfant le loyalisme envers l'État, la soumission aux valeurs traditionnelles. Mais Mori est en même temps convaincu (nous sommes dans l'ère Meiji) que si l'éducation se limite à ces conceptions primaires, le Japon ne produira pas les savants et les techniciens nécessaires à son équipement industriel. Donc, pour la même raison il faut laisser à l'enseignement « supérieur » une certaine liberté, appropriée à la recherche.

Depuis, le système d'éducation japonais a profondément changé, mais j'ai cité cet exemple pour montrer que la contradiction, chez les spécialistes du savoir pratique, est créée par les exigences contradictoires de la classe dominante. En effet, c'est elle qui constitue le modèle contradictoire qui les attend dès la petite enfance et qui fera d'eux des hommes-contradiction puisque l'idéologie particulariste d'obéissance à un État, à une politique, à des classes dominantes entre en conflit, chez eux, avec l'esprit de recherche — libre et universa-liste — qui leur est également donné du dehors mais *plus tard* quand ils sont déjà soumis. Chez nous, la contradiction est la même : on leur masque dès l'enfance par une fausse universa-lité la réalité sociale qui est l'exploitation du plus grand nombre par une minorité : on leur cache sous le nom d'humanisme la véritable condition des ouvriers et des paysans et la lutte des classes ; par un égalitarisme menteur l'im-périalisme, le colonialisme, le racisme qui est l'idéologie de ces pratiques ; quand ils abordent les études supérieures, la plupart sont imbus,

depuis l'enfance, de l'infériorité des femmes ; la
liberté, acquise pour la bourgeoisie seule, leur
est présentée comme universalité formelle : tout
le monde vote, etc. ; la paix, le progrès, la fraternité masquent difficilement la sélection qui fait
de chacun d'eux un « homme-concurrentiel »,
les guerres impérialistes, l'agression du Vietnam
par les forces armées des États-Unis, etc. Récem-
ment, on s'est avisé de leur faire apprendre et
répéter des bavardages sur l'« abondance » pour
leur dissimuler que les deux tiers de l'humanité
vivent en état de sous-alimentation chronique.
Cela veut dire que, s'ils veulent donner une
apparence d'unité à ces pensées contradictoires,
c'est-à-dire à limiter la liberté de recherche par
des idées qui sont manifestement fausses, ils
arrêtent la libre-pensée scientifique et technique
par des normes qui *ne viennent pas d'elle* et, du
coup, donnent des frontières externes à l'esprit
de recherche, en tentant de croire et de faire
croire qu'elles naissent de lui. Bref, la pensée
scientifique et technique ne développe son
universalité que *sous contrôle*, ainsi, en dépit
qu'elle en ait, en dépit d'un noyau universel,
libre et rigoureux, la science soumise au particularisme devient une idéologie.

3° Quelles que soient les fins de la classe
dominante, l'acte du technicien est d'abord
pratique, cela veut dire qu'il a pour fin l'utile.
Non pas ce qui est utile à tel ou tel groupe

social mais ce qui est utile sans spécification ni limites. Lorsqu'un médecin fait des recherches pour guérir le cancer, sa recherche ne précise pas, par exemple, qu'il faut guérir les *riches,* par la raison que la richesse ou la pauvreté n'ont rien à faire avec les cellules cancéreuses. Cette indétermination du malade est nécessairement conçue comme son universalisation : si l'on sait guérir un homme (évidemment caractérisé par des appartenances socio-professionnelles qui tombent en dehors de la recherche), on les guérira *tous.* Mais, en fait, ce médecin se trouve, par condition, plongé dans un système de relations définies par la classe dominante en fonction de la *rareté* et du *profit* (but suprême de la bourgeoisie industrielle) et tel que ses recherches, limitées par les crédits, aussi bien — s'il trouve un remède — que le prix des premiers soins, ne serviront d'abord qu'au petit nombre (ajoutons que ses découvertes peuvent être occultées pour des raisons économiques par telle ou telle organisation : un remède de premier ordre mais roumain contre les maux de la vieillesse se trouve en certains pays mais non pas en France, en vertu de la résistance des pharmaciens ; d'autres existent en laboratoire depuis plusieurs années mais ne peuvent s'acheter *nulle part* et le public les ignore, etc.). En bien des cas, avec la complicité du technicien du savoir pratique, les couches sociales privilégiées volent l'*utilité sociale* de leurs découvertes et la transforment en utilité pour le petit nombre aux dépens du grand. Pour cette raison, les inventions nouvelles demeurent longtemps des instruments de frustration pour la majorité : c'est ce qu'on nomme *paupérisation relative*. Ainsi le technicien qui invente *pour tous* n'est finalement — au moins pour une durée rarement prévisible — qu'un agent de paupérisation pour les classes travailleuses. C'est ce qu'on comprend mieux encore lorsqu'il s'agit d'une amélioration notable d'un produit industriel : celle-ci, en effet, n'est utilisée par la bourgeoisie que pour accroître son profit.

Ainsi les techniciens du savoir sont produits par la classe dominante avec une contradiction qui les déchire : d'une part, en tant que salariés et fonctionnaires mineurs des superstructures, ils dépendent directement des dirigeants (organismes « privés » ou État) et se situent nécessairement dans la particularité, comme un certain groupe de secteur tertiaire, d'autre part en tant que leur spécialité est toujours l'universel, ces spécialistes sont la contestation même des particularismes qu'on leur a injectés et qu'ils ne peuvent contester sans se contester eux-mêmes. Ils affirment qu'il n'y a pas de « science bourgeoise » et pourtant leur science est bourgeoise par *ses limites* et ils le savent. Il est vrai, cependant, qu'au moment précis de la recherche, ils travaillent dans la liberté, ce qui rend plus amer encore le retour à leur condition réelle.

Le pouvoir n'ignore pas que la réalité du technicien est la contestation permanente et réciproque de l'universel et du particulier et qu'il représente, au moins en puissance, ce que *Hegel* a appelé la « conscience malheureuse ». Par là, il le tient pour éminemment *suspect*. Il lui reproche d'être « celui qui toujours nie » ; bien qu'il sache parfaitement qu'il ne s'agit pas d'un trait de caractère et que la contestation est une démarche nécessaire de la pensée scientifique. Celle-ci, en effet, est traditionaliste dans la mesure où elle accepte le corps des sciences mais négative dans la mesure où l'objet *se conteste en elle* et permet par là un progrès. L'expérience de Michelson et de Morlay a eu pour résultat de contester l'ensemble de la physique newtonienne. Mais la contestation n'a pas été cherchée. Le progrès dans la mensuration des vitesses (progrès *technique* dans les *instruments*, lié à l'industrie) leur a imposé l'intention de mesurer la vitesse de la Terre. Cette mesure révèle une contradiction que les expérimentateurs n'avaient pas *cherchée* ; ils ne l'assument que pour mieux la supprimer par une nouvelle contestation : celle-ci leur est imposée par l'objet. Fitzgerald et Einstein apparaissent alors non comme contestataires mais comme des savants qui cherchent ce qu'il faut abandonner dans le système pour intégrer aux moindres frais les résultats de l'expérience. N'importe : pour le pouvoir, s'ils sont tels que les moyens se contestent en eux, ils en viendront à contester les fins qui sont à la fois posées dans l'abstrait par la classe dominante, et l'unité intégrante des moyens. Aussi le chercheur est-il à la fois indispensable et suspect aux yeux de la classe dominante. Il ne peut manquer de sentir et d'intérioriser cette suspicion et de se trouver *au départ* suspect à ses propres yeux.

À partir de là, il y a deux possibilités :

A. Le technicien du savoir accepte l'idéologie dominante ou s'en arrange : il arrive, en toute mauvaise foi, à mettre l'universel au service du particulier ; il pratique l'autocensure et devient *apolitique, agnostique,* etc. Il peut arriver aussi que le pouvoir l'amène par pression à renoncer à une attitude de contestation valable : il se démet de son pouvoir contestataire, ce qui ne peut se faire sans grand dommage pour sa fonction de praticien. On dit, en ce cas, avec satisfaction que « ce n'est pas un intellectuel ».

B. S'il constate le particularisme de son idéologie et ne peut s'en satisfaire, s'il reconnaît qu'il a intériorisé en autocensure le principe d'autorité, si, pour refuser son malaise et sa mutilation, il est obligé de mettre en question l'idéologie qui l'a formé, s'il refuse d'être agent subalterne de l'hégémonie et le moyen de fins qu'il ignore ou qu'il lui est interdit de contester, alors l'agent du savoir pratique devient un monstre, c'est-à-dire un intellectuel, *qui s'occupe de ce qui le regarde* (en extériorité : principes qui guident sa vie, et intériorité : sa place vécue dans la société) et dont les autres disent qu'il *s'occupe de ce qui ne le regarde pas.*

En somme tout technicien du savoir est *intellectuel en puissance* puisqu'il est défini par une contradiction qui n'est autre que le combat permanent en lui de sa technique universaliste et de l'idéologie dominante. Mais ce n'est pas par simple décision qu'un technicien devient intellectuel *en fait* : cela dépend de son histoire personnelle qui a pu décrocher en lui la tension qui le caractérise ; en dernière analyse l'ensemble des facteurs qui achèvent la transformation est d'ordre social.

On peut citer d'abord l'option des classes dominantes et le niveau de vie qu'elles assurent à leurs intellectuels — en particulier à leurs étudiants. Les bas salaires peuvent certes réduire à une plus grande dépendance. Mais ils peuvent aussi pousser à la contestation en révélant au technicien du savoir quelle place réelle on lui réserve dans la société. Il y a aussi l'impossibilité où se trouvent les classes dirigeantes d'assurer à leurs étudiants tous les postes qui leur reviennent et qu'on leur a promis : ceux qui ne sont pas pourvus tombent au-dessous du niveau de vie — si peu élevé soit-il — qu'on assure aux techniciens ; ils éprouvent alors leur solidarité avec les classes sociales les moins favorisées. Ce chômage ou cette chute vers des fonctions moins rétribuées et moins honorifiques peuvent être assurés normalement par un système de sélections ; mais le sélectionné négatif (l'éliminé) ne peut contester la sélection sans contester la société tout entière. Il arrive, en certaines conjonctures historiques, que les vieilles valeurs et l'idéologie dominante soient violemment contestées par les classes travailleuses, ce qui implique des transformations profondes dans les classes dominantes ; en ce cas, de nombreux spécialistes du savoir se transforment en intellectuels parce que les contradictions apparues dans la société leur font prendre conscience de leur contradiction propre. Si, tout au contraire, les classes dominantes veulent augmenter l'impact de l'idéologie au détriment de celui du savoir, ce sont elles qui accroissent la tension interne et sont responsables de la transformation du technicien en intellectuel : elles ont réduit la part de la technique, de la science et la libre application des méthodes à l'objet bien au-delà de ce qu'il pouvait accepter. Il est arrivé, chez vous, que le pouvoir, ces dernières années, a obligé des professeurs d'histoire à déformer la vérité historique : ceux-ci, même si jusque-là ils s'occupaient exclusivement d'enseigner ou d'établir les faits, se sont trouvés amenés à contester, au nom de leur conscience professionnelle et des méthodes scientifiques qu'ils ont toujours appliquées, l'idéologie qu'ils avaient jusque-là passivement accepté. La plupart du temps, tous ces facteurs jouent *à la fois* : c'est que leur ensemble, tout contradictoire soit-il, reflète l'attitude générale d'une société envers ses spécialistes ; mais ils ne font jamais qu'amener jusqu'à la prise de conscience une *contradiction constitutionnelle*.

L'intellectuel est donc l'homme qui prend conscience de l'opposition, en lui et dans la société, entre la recherche de la vérité pratique (avec toutes les normes qu'elle implique) et l'idéologie dominante (avec son système de valeurs traditionnelles). Cette prise de conscience bien qu'elle doive, *pour être réelle*, s'opérer, chez l'intellectuel, *d'abord* au niveau même de ses activités professionnelles et de sa fonction, n'est pas autre chose que le dévoilement des contradictions fondamentales de la société, c'est-à-dire des conflits de classe et, au sein de la classe dominante elle-même, d'un conflit organique entre la vérité qu'elle réclame pour son entreprise et les mythes, valeurs et traditions qu'elle maintient et dont elle veut infecter les autres classes pour assurer son hégémonie.

Produit de sociétés déchirées, l'intellectuel

témoigne d'elles parce qu'il a intériorisé leur déchirure. C'est donc un produit historique. En ce sens aucune société ne peut se plaindre de ses intellectuels sans s'accuser elle-même car elle n'a que ceux qu'elle fait.

FONCTION DE L'INTELLECTUEL

1.
CONTRADICTIONS

Nous avons défini l'intellectuel dans son *existence*. Il faut à présent parler de sa *fonction*. Mais en a-t-il une ? Il est clair en effet que personne ne l'a mandaté pour l'exercer. La classe dominante l'ignore : elle ne veut connaître de lui que le technicien du savoir et le petit fonctionnaire de la superstructure. Les classes défavorisées ne peuvent l'engendrer puisqu'il ne peut dériver que du spécialiste de la vérité pratique et que ce spécialiste naît des options de la classe dominante, c'est-à-dire de la part de la plus-value que celle-ci affecte à le produire. Quant aux classes moyennes — auxquelles il appartient —, bien qu'elles souffrent à l'origine des mêmes déchirures, réalisant en elles-mêmes la discorde entre la bourgeoisie et le prolétariat, leurs contradictions ne sont pas vécues au niveau du mythe et du savoir, du particularisme et de l'universalité : il ne peut donc être sciemment mandaté pour les exprimer.

Disons qu'il se caractérise comme n'ayant de mandat de personne et n'ayant reçu son statut d'aucune autorité. Il est, en tant que tel, non le produit de quelque décision — comme sont les médecins, les professeurs, etc., en tant qu'agents du pouvoir — mais le monstrueux produit de sociétés monstrueuses. Nul ne le réclame, nul ne le reconnaît (ni l'État, ni l'élite-pouvoir, ni les groupes de pression, ni les appareils des classes exploitées, ni les masses) ; on peut être sensible à ce qu'il *dit* mais non pas à son existence : d'une prescription diététique et de son explication, on dira, avec une sorte de fatuité : « C'est *mon* médecin qui me l'a dit », au lieu que si un argument de l'intellectuel a porté et si la foule le reprend, il sera présenté *en soi* sans rapport avec le premier qui l'a présenté. Ce sera un raisonnement *anonyme,* donné d'abord comme celui de *tous.* L'intellectuel est supprimé par la manière même dont on use de ses produits.

Ainsi nul ne lui concède le moindre droit ni le moindre statut. Et, de fait, son existence n'est pas admissible, puisqu'elle ne s'admet pas elle-même, étant la simple impossibilité vécue d'être un pur technicien du savoir pratique dans nos sociétés. Cette définition fait de

l'intellectuel le plus démuni des hommes : il
ne peut certes pas faire partie d'une élite car
il ne dispose, au départ, d'aucun *savoir* et, par
conséquent, d'aucun *pouvoir*. Il ne prétend pas
enseigner, bien qu'il se recrute souvent parmi
les enseignants, parce qu'il est, au départ, un
ignorant. S'il est professeur ou savant, *il sait*
certaines choses encore qu'il ne puisse les dériver des vrais principes ; en tant qu'intellectuel, il
cherche : les limitations violentes ou subtiles de
l'universel par le particularisme et de la vérité
par le mythe au sein duquel elle semble suspen-
due l'ont fait *enquêteur*. Il enquête d'abord *sur
lui-même* pour transformer en totalité harmo-
nieuse l'être contradictoire dont on l'a affecté.
Mais ce ne peut être son seul objet puisqu'il ne
pense trouver son secret et résoudre sa contradiction organique qu'en appliquant à la société
dont il est le produit, à l'idéologie de celle-ci,
à ses structures, à ses options, à sa *praxis*, les
méthodes rigoureuses qui lui servent dans sa
spécialité de technicien du savoir pratique :
liberté de recherche (et contestation), rigueur
de l'enquête et des preuves, recherche de la
vérité (dévoilement de l'être et de ses conflits),
universalité des résultats acquis. Toutefois, ces
caractères abstraits ne suffisent pas à constituer une méthode valable pour l'objet propre de
l'intellectuel. L'objet spécifique de son enquête
est double, en effet : ses deux aspects sont

inverses l'un de l'autre et complémentaires ; il
faut qu'il se saisisse lui-même dans la société,
en tant qu'elle le produit et cela ne se peut que
s'il étudie la société globale en tant qu'elle produit, à un certain moment, les intellectuels.
D'où un perpétuel renversement : renvoi de soi
au monde et renvoi du monde à soi, qui fait
qu'on ne peut confondre l'objet de la recherche
intellectuelle avec celui de l'anthropologie. Il
ne peut, en effet, considérer l'ensemble social
objectivement puisqu'il le trouve en lui-même
comme sa contradiction fondamentale : mais il
ne peut s'en tenir à une simple mise en question
subjective de lui-même puisqu'il est justement
inséré dans une société définie qui l'a fait. Ces
remarques nous apprennent que :

1° L'objet de sa recherche exige une spé-
cialisation de la méthode abstraite dont nous
venons de parler : il faut en effet que dans ce
perpétuel renversement de point de vue exigé
pour surmonter une contradiction précise,
les deux moments — extériorité intériorisée,
réextériorisation de l'intériorité — en soient
rigoureusement liés. Cette liaison de termes
contradictoires n'est autre que la *dialectique.* Il
s'agit d'une méthode que l'intellectuel ne peut
enseigner ; quand il s'éveille à sa condition nouvelle et veut supprimer sa « difficulté d'être », il
ne connaît pas le procédé dialectique : c'est son
objet qui le lui imposera petit à petit puisqu'il

est à double face et que chacune des deux renvoie à l'autre ; mais au terme même de sa recherche, l'intellectuel n'a pas une connaissance rigoureuse de la méthode imposée.

2° De toute manière l'ambiguïté de son objet éloigne l'intellectuel de l'*universalité abstraite*. De fait l'erreur des « philosophes » avait été de croire qu'on pouvait directement appliquer la méthode universelle (et analytique) à la société où l'on vit alors que justement *ils y vivaient* et qu'elle les conditionnait historiquement en sorte que les préjugés de son idéologie se glissaient dans leur recherche positive et leur volonté même de les combattre. La raison de cette erreur est claire : ils étaient des *intellectuels organiques,* travaillant pour la classe même qui les avait produits et leur universalité n'était autre que la fausse universalité de la classe bourgeoise qui se prenait pour la classe universelle. Aussi, quand ils cherchaient l'homme, ils n'atteignaient que le bourgeois. La véritable recherche intellectuelle, si elle veut délivrer la vérité des mythes qui l'obscurcissent, implique un passage de l'enquête par la singularité de l'enquêteur. Celui-ci a besoin de *se* situer dans l'univers social pour saisir et détruire en lui et hors de lui les limites que l'idéologie prescrit au savoir. C'est au niveau de la *situation* que la dialectique de l'intériorisation et de l'extériorisation peut agir, la pensée de l'intellectuel doit se retourner sans cesse sur elle-même pour se saisir toujours comme *universalité singulière,* c'est-à-dire singularisée secrètement par les préjugés de classe inculqués dès l'enfance alors même qu'elle croit s'en être débarrassée et avoir rejoint l'universel. Il ne suffit pas (pour ne citer qu'un exemple) de combattre le *racisme* (comme idéologie de l'impérialisme) par des arguments universels, tirés de nos connaissances anthropologiques : ces arguments peuvent convaincre au niveau de l'universalité ; mais le racisme est une attitude concrète de tous les jours ; en conséquence de quoi, on peut tenir sincèrement le discours universel de l'antiracisme et, dans les lointaines profondeurs qui sont liées à l'enfance, demeurer raciste, et, du coup, se comporter sans le voir en raciste dans la vie quotidienne. Ainsi l'intellectuel n'aura rien fait, même s'il démontre l'aspect aberrant du racisme, s'il ne revient pas sans cesse sur lui-même pour dissoudre un racisme d'origine enfantine par une enquête rigoureuse sur « ce monstre incomparable », soi.

À ce niveau, l'intellectuel, sans cesser, par ses travaux de technicien du savoir, par son salaire et par son niveau de vie, de se désigner comme petit-bourgeois sélectionné, doit combattre sa classe qui, sous l'influence de la classe dominante, reproduit en lui nécessairement une idéologie bourgeoise, des pensées et des sentiments petits-bourgeois. L'intellectuel est donc un technicien de l'universel qui s'aperçoit que, dans son domaine propre, l'universalité n'existe pas toute faite, qu'elle est perpétuellement à *faire*. Un des grands dangers que l'intellectuel doit éviter, s'il veut avancer dans son entreprise, c'est d'universaliser trop vite. J'en ai vu qui, pressés de passer à l'universel, condamnaient, pendant la guerre d'Algérie, les attentats terroristes algériens au même titre que la répression française. C'est le type même de la fausse universalité bourgeoise. Il fallait comprendre, au contraire, que l'insurrection de l'Algérie, insurrection de pauvres, sans armes, traqués par un régime policier, ne pouvait pas ne pas choisir *les maquis et la bombe*. Ainsi l'intellectuel, dans sa lutte contre soi, est amené à voir la société comme la lutte de groupes particuliers et particularisés par leurs structures, leur place et leur destin pour le statut d'universalité. Contrairement à la pensée bourgeoise, il doit prendre conscience de ce que *l'homme n'existe pas*. Mais, du même coup, sachant qu'il n'est pas encore un homme, il doit saisir, en lui et du coup hors de lui — et inversement —, l'homme comme à *faire*. Comme a dit Pong : l'homme est l'avenir de l'homme. Contre l'humanisme bourgeois, la prise de conscience de l'intellectuel lui montre à la fois sa singularité et que c'est à partir d'elle que l'homme se donne comme le but lointain d'une entreprise pratique de tous les jours.

3° Par cette raison un reproche trop souvent fait à l'intellectuel apparaît comme privé
de sens : on en fait en général un être abstrait
qui vit de l'universel pur, qui ne connaît que
les valeurs « intellectuelles », un être purement
négatif, un raisonneur imperméable aux valeurs
de la sensibilité, un « cérébral ». L'origine de
ces reproches est évidente : l'intellectuel est
un agent du savoir pratique, *d'abord*, et il est
rare qu'il cesse de l'être en devenant intellectuel. Il est vrai qu'il prétend appliquer, hors de
leur domaine familier, les méthodes exactes,
en particulier pour dissoudre hors de lui et en
lui l'idéologie dominante, qui se présente à lui
sous forme de pensées confuses, difficilement
repérables et de valeurs qu'on nomme « affec-
tives », ou « vitales » pour magnifier leur aspect
fondamentalement irrationnel. Mais son but est
de réaliser le sujet pratique et de découvrir les
principes d'une société qui l'engendrerait et le
soutiendrait ; en attendant il mène son enquête
à tous les niveaux et tente de *se* modifier *dans sa*
sensibilité aussi bien que dans ses pensées. Cela
signifie qu'il veut produire, dans la mesure du
possible, en lui, et chez les autres, l'unité véritable de la personne, la récupération par chacun des fins qui sont imposées à son activité (et
qui, du coup, deviendraient autres), la suppression des aliénations, la liberté réelle de la pensée, par suppression à *l'extérieur* des interdits

sociaux nés des structures de classe, à *l'inté-rieur* des inhibitions et des autocensures. S'il est *une* sensibilité qu'il refuse, c'est la sensibilité *de classe*, c'est-à-dire, par exemple, la riche et multiple sensibilité raciste, mais c'est au profit d'une sensibilité plus riche, celle qui préside aux relations humaines de réciprocité. Il n'est pas dit qu'il puisse y parvenir tout à fait mais c'est un chemin qu'il indique, qu'il *s'indique*. S'il conteste c'est uniquement l'idéologie (et ses conséquences *pratiques*) dans la mesure où une idéologie, d'où qu'elle vienne, est un substitut menteur et brouillé de la conscience de classe ; ainsi sa contestation n'est qu'un *moment négatif* d'une *praxis* qu'il est incapable d'entreprendre seul, qui ne peut être menée à bien que par l'ensemble des classes opprimées et exploitées et dont le sens positif — même s'il ne fait que l'entrevoir — est l'avènement dans un avenir lointain d'une société d'hommes libres.

4° Ce travail dialectique d'un universel singulier sur des universels singuliers ne doit jamais, au contraire, se mener d'abord dans l'abstrait. L'idéologie combattue est à chaque instant actualisée par l'*événement*. Entendons qu'elle vient à nous moins comme un ensemble de propositions clairement définies que comme une manière d'exprimer et de masquer l'événement particulier. Le racisme, par exemple, se manifeste quelquefois — mais rarement — par

des livres (nous avons eu *La France juive* de
Drumont) mais beaucoup plus souvent par
des événements dont il est un motif caché,
par exemple : dans l'affaire Dreyfus, et par
les justifications que les *mass media* donnent
en passant, par le détour d'un raisonnement,
des violences racistes — qu'elles se présentent
sous un aspect *légal* (Dreyfus) ou sous forme
de lynchage ou sous des formes intermédiaires — en tant qu'elles constituent un des
aspects majeurs de l'événement. L'intellectuel
peut, pour se débarrasser du racisme qui lui est
propre et contre lequel il lutte sans cesse, exprimer cette lutte et ses idées dans un livre. Mais
le plus important est de dénoncer sans cesse
par des actes les sophismes qui veulent justifier
la condamnation d'un Juif *parce qu'il est juif,*
ou tel pogrom, tel massacre ; bref de travailler
au *niveau de l'événement* à produire des événements concrets qui combattent le pogrom ou
le jugement raciste du Tribunal en montrant la
violence des privilégiés dans sa nudité. J'appelle
événement, ici, un fait porteur d'une idée, c'est-
à-dire un universel singulier car il limite l'idée
portée, dans son universalité, par sa singularité
de fait *daté* et *localisé* qui *a lieu* à un certain
moment d'une histoire nationale et qui résume
et la totalise dans la mesure où il en est le produit totalisé. Cela signifie, en vérité, que l'intellectuel se trouve, par là même, constamment

affronté au concret et ne peut lui donner qu'une réponse concrète.

5° L'ennemi le plus direct de l'intellectuel est ce que j'appellerai le *faux intellectuel* et que Nizan nommait le chien de garde, suscité par la classe dominante pour défendre l'idéologie particulariste par des arguments qui se prétendent rigoureux — c'est-à-dire se présentent comme des produits des méthodes exactes. Ils ont, en effet, ceci de commun avec les vrais intellectuels, qu'ils sont originellement, comme eux, des techniciens du savoir pratique. Il serait trop simple d'imaginer que le faux intellectuel est avant tout un *vendu*. À moins d'entendre le marché qui a fait un faux intellectuel d'un technicien du savoir, de manière un peu moins simpliste qu'on ne fait à l'ordinaire. Disons que certains fonctionnaires subalternes des superstructures sentent que leurs intérêts sont liés à ceux de la classe dominante — ce qui est vrai — et ne veulent sentir que cela — ce qui est éliminer le *contraire*, qui est vrai aussi. En d'autres termes, ils ne veulent pas considérer l'aliénation des hommes qu'ils sont ou pourraient être mais seulement le pouvoir des fonctionnaires (qu'ils sont aussi). Ils prennent donc l'allure de l'intellectuel et commencent par contester comme lui l'idéologie de la classe dominante ; mais c'est une contestation truquée et constituée de telle manière qu'elle s'épuise d'elle-même et montre ainsi que l'idéologie dominante résiste à toute contestation ; en d'autres termes, le faux intellectuel ne dit pas *non,* comme le vrai ; il cultive le « non mais… » ou le « je sais bien mais encore… ». Ces arguments peuvent troubler le vrai intellectuel qui n'a, pour sa part, que trop tendance — en tant que fonctionnaire — à les tenir lui-même et à les opposer au monstre qu'il est pour le faire disparaître au profit du technicien pur. Mais, par nécessité, il est contraint de les réfuter, précisément parce qu'il est *déjà* le monstre qu'ils ne peuvent convaincre. Il repousse donc les arguments « réformistes » et ne les rejette, en fait, qu'en se faisant toujours plus *radical.* De fait le radicalisme et l'entreprise intellectuelle ne font qu'un et ce sont les arguments « modérés » des réformistes qui poussent nécessairement l'intellectuel dans cette voie, en lui montrant qu'il faut contester les principes mêmes de la classe dominante ou la servir en paraissant la contester. Par exemple, beaucoup de faux intellectuels ont dit chez nous (à propos de *notre* guerre d'Indochine ou pendant la guerre d'Algérie) : « Nos méthodes coloniales ne sont pas ce qu'elles devraient être, il y a trop d'inégalités dans nos territoires d'outre-mer. Mais je suis contre toute violence d'où qu'elle vienne ; je ne veux être ni bourreau ni victime et voilà pourquoi je m'oppose à la révolte des indigènes contre les colons. » Il est clair pour une pensée qui se radicalise que cette prise de position pseudo-universaliste revient à déclarer : « Je suis pour la violence chronique que les colons exercent sur les colonisés (surexploitation, chômage, sous-alimentation maintenus par la terreur) ; en tout cas, c'est un moindre mal qui finira bien par disparaître ; mais je suis contre la violence que les colonisés pourraient exercer pour se délivrer contre les colons qui les oppriment. » Ce qui amène la pensée radicale à constater que, dès lors qu'on interdit la contre-violence aux opprimés, il importe peu qu'on adresse de doux reproches aux oppresseurs (du type : égalisez donc les salaires ou, du moins, faites un geste ; un peu plus de justice, s'il vous plaît !). Ceux-ci savent bien que ces reproches sont une façade puisque le faux intellectuel prétend interdire aux forces réelles des opprimés de les transformer en revendications appuyées par les armes. Si les colonisés ne se lèvent pas en masse, les colons savent bien qu'il ne se trouvera dans la Métropole aucune force organisée pour soutenir leur cause. Ils ne verront donc aucun inconvénient à ce que le faux intellectuel contribue à éloigner les colonisés de la révolte en leur faisant miroiter le piège du réformisme. Le radicalisme intellectuel est donc toujours poussé en avant par les arguments et l'attitude des faux intellectuels : dans le dialogue des faux et des vrais, les arguments réformistes et leurs résultats réels (le *statu quo*) amènent nécessairement les vrais intellectuels à devenir révolutionnaires car ils comprennent que le réformisme n'est qu'un discours qui a le double avantage de servir la classe dominante en permettant aux techniciens du savoir pratique de prendre en apparence une certaine distance par rapport à leurs employeurs, c'est-à-dire à cette même classe.

Tous ceux qui prennent *dès aujourd'hui* un point de vue universaliste *rassurent* : l'universel est fait de faux intellectuels. L'intellectuel vrai — c'est-à-dire celui qui se saisit dans le malaise comme un monstre — inquiète : l'universel humain *est à faire*. Beaucoup de faux intellectuels ont adhéré d'enthousiasme au mouvement de Gary Davis. Il s'agissait de devenir *tout de suite* citoyen du monde et de faire régner sur terre la Paix universelle. « Parfait, dit un Vietnamien à un faux intellectuel français, membre de ce mouvement. Commencez donc par réclamer la paix au Vietnam puisque c'est là qu'on se bat. — Jamais de la vie, répondit l'autre. Ce serait favoriser les communistes. » Il voulait la paix en général, aucune paix particulière, qui eût favorisé ou les impérialistes ou les peuples colonisés. Mais si l'on veut la Paix universelle sans aucune paix particulière, on se borne à condamner *moralement* la guerre. Or, c'est ce que tout le monde fait, y compris le président

Johnson. C'est par l'attitude des faux intellectuels qu'on est amené — comme je l'ai dit dans
la conférence précédente — à tenir les intellectuels pour des moralistes et des idéalistes, qui
condamnent *moralement* la guerre et rêvent, en
notre monde de violences, que régnera un jour
une paix idéale — qui n'est pas un nouvel ordre
humain fondé sur la cessation de toutes les
guerres par victoire des opprimés mais, plutôt,
l'idée de paix descendue des cieux. Le véritable
intellectuel, étant *radical,* ne se trouve, par là, ni
moraliste ni idéaliste : il sait que la seule paix
valable au Vietnam coûtera des larmes et du
sang, il sait qu'elle commence par le retrait des
troupes américaines et la cessation des bom-
bardements *donc* par la défaite des États-Unis.
En d'autres mots, la nature de sa contradiction
l'oblige à *s'engager* dans tous les conflits de
notre temps parce qu'ils sont tous — conflits
de classes, de nations ou de races — des effets
particuliers de l'oppression des défavorisés par
la classe dominante et qu'il se retrouve, en chacun, lui, l'opprimé conscient de l'être, du côté
des opprimés.

Pourtant, il faut le répéter, sa position
n'est pas *scientifique.* Il applique à tâtons une
méthode rigoureuse à des objets inconnus qu'il
démystifie en se démystifiant : il mène une
action pratique de dévoilement en combattant
les idéologies et en dénudant la violence qu'elles

masquent ou justifient ; il œuvre pour qu'une universalité sociale soit un jour possible où tous les hommes seront *vraiment* libres, égaux et frères, sûr que ce jour-là, mais pas avant, l'intellectuel disparaîtra et que les hommes pourront acquérir le savoir pratique dans la liberté qu'il exige et sans contradiction. Pour l'instant, il enquête et se trompe sans cesse, n'ayant d'autre fil conducteur que sa rigueur dialectique et son radicalisme.

2.
L'INTELLECTUEL ET LES MASSES

L'intellectuel est seul parce que nul ne l'a mandaté. Or — c'est là une de ses contradictions —, il ne peut se libérer sans que les autres se libèrent en même temps. Car tout homme a ses fins propres qui lui sont sans cesse *volées* par le système ; et, l'aliénation s'étendant à la classe dominante, les membres de celle-ci, eux-mêmes, travaillent pour des fins inhumaines qui ne leur appartiennent pas, c'est-à-dire fondamentalement pour le *profit*. Ainsi l'intellectuel, saisissant sa contradiction propre comme l'expression singulière des contradictions objectives, est solidaire de tout homme qui lutte pour lui-même et pour les autres contre ces contradictions.

Cependant on ne peut concevoir que l'intellectuel effectue son travail par la simple *étude* de
l'idéologie qu'on lui a inculquée (par exemple,
en la soumettant aux méthodes critiques ordinaires). De fait, c'est *son* idéologie, elle se
manifeste à la fois comme son mode de vie (en
tant qu'il est *réellement* un membre des classes
moyennes) et comme sa *Weltanschauung*, c'est-
à-dire comme la paire de verres filtrants qu'il a
mise sur son nez et à travers laquelle il voit le
monde. La contradiction dont il souffre n'est
d'abord vécue que comme souffrance. Pour la
regarder, il faudrait qu'il pût *prendre ses dis-
tances* par rapport à elle : or, c'est ce qu'il ne
peut sans aide. De fait, cet agent historique,
entièrement conditionné par les circonstances,
est précisément le contraire d'une *conscience
de survol*. S'il prétendait s'établir dans l'avenir pour se connaître (comme nous pouvons
connaître les sociétés passées), il manquerait
totalement son but : il ne connaît pas l'avenir
ou, s'il en devine une partie, c'est avec les préjugés mêmes qu'il a en lui, donc à partir de la
contradiction sur laquelle il voudrait se retourner. S'il tentait de se mettre, idéalement, hors
de la société pour juger l'idéologie de la classe
dominante, il emporterait sa contradiction
avec lui, *au mieux* ; au pis, il s'identifierait à
la grande bourgeoisie qui se trouve *au-dessus*
(économiquement) des classes moyennes et qui

se penche sur elles, il en accepterait, du coup, sans contestation l'idéologie. Il n'a donc qu'un moyen de comprendre la société où il vit : c'est de prendre sur elle le point de vue des plus défavorisés.

Ceux-ci ne représentent pas l'universalité, qui n'existe nulle part, mais *l'immense majorité*, particularisés par l'oppression et l'exploitation qui font d'eux les produits de leurs produits, en leur volant leurs fins (justement comme aux techniciens du savoir pratique) et en faisant d'eux des moyens particuliers de la production, définis par les instruments qu'ils produisent et qui leur assignent leurs tâches ; leur lutte contre cette particularisation absurde les amène eux aussi à viser l'universalité : non point celle de la bourgeoisie — quand elle se prend pour la classe universelle — mais une universalité concrète d'origine négative : née de la liquidation des particularismes et de l'avènement d'une société sans classes. La seule possibilité réelle de prendre un point de vue distancié sur l'ensemble de l'idéologie décrété en haut, c'est de se mettre aux côtés de ceux dont l'existence même le contredit. Le prolétariat ouvrier et rural, du seul fait qu'il est, révèle que nos sociétés sont particularistes et structurées en classes ; l'existence de deux milliards de sous-alimentés sur une population de trois milliards, c'est une autre vérité fondamentale de nos sociétés actuelles — *cela* et non la sottise inventée par les faux intellectuels (l'abondance). Les classes exploitées — bien que leur prise de conscience soit *variable* et qu'elles puissent être profondément pénétrées par l'idéologie bourgeoise — se caractérisent par leur *intelligence objective*. Cette intelligence n'est pas un don mais elle naît de leur *point de vue* sur la société, le seul radical : quelle que soit leur *politique* (qui peut être la résignation, la dignité ou le réformisme, dans la mesure où l'intelligence objective est brouillée par ses interférences avec les valeurs que la classe dominante leur a inculquées). Ce point de vue objectif produit de la *pensée populaire* qui voit la société à partir du fondamental, c'est-à-dire à partir du niveau le plus bas, le plus propre à la radicalisation, celui d'où l'on voit les classes dominantes et les classes qui s'allient à celles-ci en *contre-plongée*, de bas en haut, non pas comme des élites culturelles mais comme des groupes d'énormes statues dont le socle pèse de tout son poids sur les classes qui reproduisent la vie, non plus au niveau de la non-violence, de la reconnaissance réciproque et de la politesse (comme font les bourgeois qui sont à même hauteur et se regardent dans les yeux) mais du point de vue de la violence supportée, du travail aliéné et des besoins élémentaires. Cette pensée radicale et simple, si l'intellectuel pouvait la reprendre à son compte, il se verrait à *sa vraie place*, il se verrait de bas en haut, reniant sa classe et pourtant doublement conditionné par elle (en tant qu'il en est issu et qu'elle constitue son *background* psychosocial et en tant qu'il s'y insère à nouveau comme technicien du savoir), pesant de tout son poids sur les classes populaires, en tant que son salaire ou ses honoraires sont prélevés sur la plus-value qu'elles produisent. Il connaîtrait clairement l'ambiguïté de sa position et, s'il appliquait à ces vérités fondamentales les méthodes rigoureuses de la dialectique, il connaîtrait dans et par les classes populaires la vérité de la société bourgeoise et, abandonnant les illusions réformistes qui lui restent, il se radicaliserait en révolutionnaire, comprenant que les masses ne peuvent rien faire d'autre que briser les idoles qui les écrasent. Sa nouvelle tâche serait alors de combattre la résurrection perpétuelle *dans le peuple* des idéologies qui le paralysent.

Mais, à ce niveau, des contradictions nouvelles surgissent. 1° Celle-ci, en particulier, que les classes défavorisées ne produisent pas, en tant que telles, des intellectuels puisque c'est justement l'accumulation du capital qui permet aux classes dominantes de créer et d'accroître un *capital technique*. Certes, il arrive (10 % en France) que le « système » recrute quelques techniciens du savoir pratique dans les classes exploitées, mais si l'origine de ces techniciens est populaire, ils n'en sont pas moins intégrés aussitôt par leur travail, leur salaire et leur niveau de vie aux *classes moyennes*. En d'autres termes, les classes défavorisées ne produisent pas de représentants organiques de l'intelligence objective qui est leur. Un intellectuel organique du prolétariat, c'est, tant que la révolution ne sera pas faite, une contradiction *in adjecto* ; du reste, naissant dans les classes qui réclament par leur situation même l'universel, il ne serait pas, s'il pouvait exister, ce monstre que nous avons décrit et qui se définit par sa conscience malheureuse. 2° L'autre contradiction est corollaire de la première : si nous envisageons que l'intellectuel, à défaut d'être produit comme tel, organiquement, par les classes défavorisées, veuille en tout cas se joindre à elles pour s'assimiler leur intelligence objective et pour donner à ses méthodes exactes des principes formulés par la pensée populaire, il rencontre aussitôt et à *juste titre* la méfiance de ceux à qui il vient proposer de s'allier. De fait, il ne peut éviter que les ouvriers ne voient en lui un membre des classes moyennes, c'est-à-dire des classes qui sont, par définition, complices de la bourgeoisie. L'intellectuel est donc séparé par une barrière des hommes dont il veut acquérir le point de vue, qui est celui de *l'universalisation*. C'est un reproche qu'on lui fait souvent, un argument du pouvoir, des classes dominantes et des classes moyennes, arrangé par les faux intellectuels qui sont à leur solde : comment osez-vous prétendre, vous, petits-bourgeois ayant reçu la culture bourgeoise dès l'enfance et vivant dans les classes moyennes, représenter *l'esprit objectif* des classes travailleuses avec qui vous n'avez pas de contacts et qui ne veulent pas de vous ? Et de fait, il semble qu'il y ait là un cercle vicieux : pour lutter contre le particularisme de l'idéologie dominante, il faudrait prendre le point de vue de ceux dont l'existence même la condamne. Mais pour prendre ce point de vue il faudrait n'avoir jamais été un petit-bourgeois puisque notre éducation nous a infectés au départ et jusqu'aux moelles. Et, comme c'est la contradiction de l'idéologie particularisante et du savoir universalisant chez un petit-bourgeois qui fait l'intellectuel, il faudrait *ne pas être intellectuel.*

Les intellectuels sont parfaitement conscients de cette contradiction nouvelle : bien souvent ils butent contre elle et ne vont pas plus loin. Soit qu'ils y puisent une *trop grande humilité* envers les classes exploitées (de là leur tentation permanente de *se dire* ou de *se faire* prolétaires), soit qu'elle soit à l'origine de leur méfiance réciproque (chacun d'eux soupçonne les idées de l'autre d'être secrètement conditionnées par l'idéologie bourgeoise parce qu'il est lui-même un petit-bourgeois *tenté* et qu'il voit dans les

autres intellectuels ses propres reflets), soit que,
désespéré par la méfiance dont il fait l'objet, il
fasse marche arrière et, faute de pouvoir rede-
venir un simple technicien du savoir réconcilié
avec lui-même, il se fasse un *faux intellectuel*.

Entrer dans un parti de masse — autre tentation — ne résout pas le problème. La méfiance
demeure ; les discussions renaissent sans cesse,
touchant l'importance des intellectuels et des
théoriciens dans le Parti. C'est ce qui s'est
passé souvent chez nous. C'est ce qui est arrivé
au Japon, vers 1930, au temps de Fukumoto,
quand le communiste Mizuno quitta le P.C.
japonais en l'accusant d'être « un groupe de
discussions théoriques dominé par l'idéologie
petite-bourgeoise d'intellectuels corrompus ».
Et qui donc peut affirmer qu'il représente l'intelligence objective et qu'il en est le théoricien ?
Ceux qui affirment, par exemple, que la restau-
ration Meiji est une révolution bourgeoise ? ou
ceux qui le nient ? Et si c'est la direction du
Parti qui tranche pour des raisons politiques,
c'est-à-dire pratiques, qui dit, celles-ci ayant
changé, qu'elle ne changera pas de personnel
et d'avis ? Si c'est le cas, ceux qui auront main-
tenu un instant de trop la théorie condamnée,
soyons sûrs qu'ils seront traités d'*intellectuels
corrompus,* c'est-à-dire tout simplement d'intellectuels puisque la corruption est justement le
caractère profond contre lequel tout intellectuel

— l'ayant découvert en soi — s'insurge. Donc, si les intellectuels petits-bourgeois sont amenés par leurs contradictions propres à travailler pour les classes travailleuses, ils les serviront à leurs risques et périls, ils pourront être leurs théoriciens mais jamais leurs intellectuels organiques et leur contradiction, bien qu'éclairée et comprise, demeurera jusqu'au bout : c'est la preuve qu'ils ne peuvent, comme nous l'avons vu, recevoir de mandat de *personne*.

3.
LE RÔLE DE L'INTELLECTUEL

Ces deux contradictions complémentaires sont gênantes mais moins graves qu'il n'y paraît. Les classes exploitées, en effet, n'ont pas besoin d'une *idéologie* mais de la vérité pratique sur la société. C'est-à-dire, elles n'ont que faire d'une représentation mythique d'elles-mêmes ; elles ont besoin de connaître le monde pour le changer. Cela signifie à la fois qu'elles réclament d'être *situées* (puisque la connaissance d'une classe implique celle de toutes les autres et de leurs rapports de force), de découvrir leurs *fins organiques* et la *praxis* qui leur permettra de les atteindre. Bref, il leur faut la possession de leur vérité pratique, cela signifie qu'elles

exigent de se saisir à la fois dans leur *particu-*
larité historique (telles que les ont faites les deux
révolutions industrielles, avec leur mémoire de
classe, c'est-à-dire ce qui subsiste matérielle-
ment des structures passées : les ouvriers de
Saint-Nazaire sont les témoins présents d'une
forme ancienne du prolétariat) et dans leur *lutte*
pour l'universalisation (c'est-à-dire contre l'exploitation, l'oppression, l'aliénation, les inégalités, le sacrifice des travailleurs au profit). Le
rapport dialectique de l'une à l'autre exigence,
c'est ce qu'on nomme la *conscience de classe*.
Or, c'est à ce niveau que l'intellectuel peut servir
le peuple. Pas encore en technicien du savoir
universel, puisqu'il est *situé* et que les classes
« défavorisées » le sont également. Mais précisément en tant qu'*universel singulier* puisque la
prise de conscience, chez les intellectuels, est
le dévoilement de leur particularisme de classe
et de la tâche d'universalité : qui le contredit,
donc du dépassement de leur particularité vers
l'universalisation du particulier *à partir de ce*
particulier-là. Et comme les classes travailleuses veulent changer le monde à partir de ce
qu'elles sont et non pas en se plaçant d'emblée
dans l'universel, il y a parallélisme entre l'effort de l'intellectuel vers l'universalisation et
le mouvement des classes travailleuses. En ce
sens, bien que l'intellectuel ne puisse jamais
être originellement *situé* dans ces classes, il est

bon qu'il ait pris conscience de son *être-situé*,
fût-ce à titre de membre des classes moyennes.
Et il ne s'agit pas pour lui de refuser sa situation mais d'utiliser l'expérience qu'il en a pour
situer les classes travailleuses en même temps
que ses techniques de l'universel lui permettent
d'éclairer pour ces mêmes classes leur effort
vers l'universalisation. À ce niveau, la contradiction qui produit l'intellectuel lui permet de
traiter la singularité historique du prolétariat
par des méthodes universelles (méthodes historiques, analyse de structures, dialectique) et
de saisir l'effort d'universalisation dans sa particularité (en tant qu'il procède d'une histoire
singulière et qu'il la conserve dans la mesure
même où il exige l'*incarnation* de la révolution).
C'est en appliquant la méthode dialectique, en
saisissant le particulier à travers les exigences
universelles et en réduisant l'universel à un
mouvement d'une singularité vers l'universalisation que l'intellectuel, défini comme *prise de
conscience de sa contradiction* constitutive, peut
aider à la constitution de la prise de conscience
prolétarienne.

Cependant, sa particularité de classe peut
sans cesse fausser son effort de théoricien. Aussi
est-il vrai que l'intellectuel doit sans cesse lutter
contre l'*idéologie* sans cesse renaissante, ressus-
citée perpétuellement sous des formes neuves
par sa situation originelle et par sa formation.

Il a deux moyens pour cela qu'il doit utiliser simultanément : 1° *une autocritique perpétuelle* (il ne doit pas confondre l'universel — qu'il pratique en tant que spécialiste du savoir pratique, $y = f(x)$ — avec l'effort singulier d'un groupe social particularisé vers l'universalisation : s'il se prétend le gardien de l'universel, il se réduit du coup au particulier, c'est-à-dire qu'il retombe dans la vieille illusion de la bourgeoisie se prenant pour la classe universelle). Il doit constamment garder conscience d'être un petit-bourgeois en rupture de ban et d'être sans cesse sollicité de former les pensées de sa classe. Il doit savoir qu'il n'est jamais à l'abri de l'universalisme (qui se pense déjà *bouclé* et, comme tel, exclut diverses particularités de l'effort vers l'universalisation), du racisme, du nationalisme, de l'impérialisme, etc. (Nous appelons, chez nous, « gauche respectueuse » une gauche qui *respecte* les valeurs de droite même si elle est consciente de ne pas les partager ; telle fut « notre gauche » au temps de la guerre d'Algérie.) Toutes ces attitudes, au moment qu'il les dénonce, peuvent se glisser dans sa dénonciation même — et c'est à bon droit que les Noirs américains dénoncent avec horreur le paternalisme des Blancs intellectuels et antiracistes. Ce n'est donc pas en disant : « Je ne suis plus un petit-bourgeois, je me meus librement dans l'universel », que l'intellectuel peut rejoindre les travailleurs. Mais, tout au contraire, en pensant : je suis un petit-bourgeois ; si, pour tenter de résoudre *ma* contradiction, je me suis rangé aux côtés des classes ouvrières et paysannes, je n'ai pas cessé pour autant d'*être* un petit-bourgeois : simplement, en me critiquant et en me radicalisant sans cesse, je puis refuser pied à pied — sans que cela intéresse personne d'autre que moi — mes conditionnements petits-bourgeois. 2° Une association concrète et sans réserves à l'action des classes défavorisées. La théorie n'est, de fait, qu'un moment de la *praxis* : celui de l'appréciation des possibles. Ainsi, s'il est vrai qu'elle éclaire la *praxis,* il est vrai aussi qu'elle est conditionnée par l'entreprise totale et *particularisée* par elle, puisque, avant de se poser pour soi, elle naît organiquement à l'intérieur d'une action *toujours particulière*. Il ne s'agit donc pas, pour l'intellectuel, de juger l'action avant qu'elle soit commencée, de pousser à l'entreprendre ou d'en commander les moments. Mais, au contraire, de la *prendre en marche*, à son niveau de force élémentaire (grève sauvage ou canalisée déjà par les *appareils*), de s'y intégrer, d'y participer physiquement, de se laisser pénétrer et porter par elle et, seulement alors, dans la mesure où il prend conscience que c'est nécessaire, de déchiffrer sa nature et de l'éclairer sur son sens et ses possibilités. C'est dans la mesure où la *praxis* commune l'intègre au mouvement général du prolétariat qu'il peut, dans les contradictions internes (l'action est particulière à son origine, universalisante dans sa fin), saisir la particularité et les ambitions universalisantes de celui-ci comme une force à la fois intime (l'intellectuel a les mêmes fins, court les mêmes risques) et étrangère qui l'a transporté à bonne distance de ce qu'il était, tout en restant *donnée et hors d'atteinte* : excellentes conditions pour saisir et fixer les particularités et les exigences universelles d'un prolétariat. C'est en tant que personne jamais assimilée, exclue même pendant l'action violente, c'est en tant que conscience déchirée, impossible à recoudre, que le spécialiste de l'universel servira le mouvement de l'universalisation populaire : il ne sera jamais ni tout à fait dedans (donc perdu par la trop grande proximité des structures de classe) ni tout à fait dehors (puisque, de toute façon, à peine a-t-il commencé d'agir, il est traître aux yeux des classes dirigeantes et de sa propre classe puisqu'il se sert contre elles du savoir technique qu'elles lui ont permis d'acquérir). Banni par les classes privilégiées, suspect aux classes défavorisées (à cause de la culture même qu'il met à leur disposition), il peut commencer son travail. Et quel est-il, en définitive, ce travail ? On pourrait, je crois, le décrire comme suit :

1° lutter contre la renaissance perpétuelle de l'idéologie dans les classes populaires. C'est-à-dire détruire à l'extérieur comme à l'intérieur toute représentation idéologique qu'elles se font d'elles-mêmes et de leur pouvoir (le « héros positif », le « culte de la personnalité », la « magnification du prolétariat », par exemple, qui semblent les produits de la classe ouvrière sont en fait des emprunts à l'idéologie bourgeoise : comme tels, il faut les détruire) ;

2° user du capital-savoir donné par la classe dominante pour élever la culture populaire — c'est-à-dire, jeter les bases d'une culture universelle ;

3° le cas échéant et *dans la conjoncture actuelle* former des techniciens du savoir pratique dans les classes défavorisées — qui ne peuvent elles-mêmes en produire — et faire d'eux des intellectuels organiques de la classe ouvrière ou, du moins, des techniciens qui se rapprochent le plus de ces intellectuels — qui sont, en vérité, impossibles à créer ;

4° récupérer sa fin propre (l'universalité du savoir, la liberté de pensée, la vérité) en y voyant une fin réelle à atteindre *pour tous* dans la lutte, c'est-à-dire l'avenir de l'homme ;

5° radicaliser l'action en cours, en montrant par-delà les objectifs immédiats les objectifs lointains, c'est-à-dire l'universalisation comme fin historique des classes travailleuses ;

6° se faire *contre tout pouvoir* — y compris le pouvoir politique qui s'exprime par les partis de masse et l'appareil de la classe ouvrière — le gardien des fins historiques que les masses poursuivent ; puisque la fin se définit, en effet, comme l'unité des moyens, il faut qu'il examine ceux-ci en fonction du principe que tous les moyens sont bons quand ils sont efficaces *sauf* ceux qui altèrent la fin poursuivie.

Le paragraphe 6 soulève une difficulté nouvelle : en tant qu'il se met au service du mouvement populaire, il faut que l'intellectuel observe la discipline, de peur d'affaiblir l'organisation des masses ; mais, en tant qu'il doit éclairer sur le rapport pratique des moyens à la fin, il ne doit jamais cesser d'exercer sa critique pour conserver à la fin sa signification fondamentale. Mais cette contradiction-là ne doit pas nous préoccuper : *c'est son affaire*, c'est l'affaire de l'intellectuel combattant, qu'il vivra *dans la tension*, avec plus ou moins de bonheur. Tout ce que nous pouvons dire à ce sujet, c'est qu'il est nécessaire qu'il y ait dans les partis ou les organisations populaires des intellectuels associés au pouvoir politique, ce qui représente le maximum de discipline et le minimum de critiques possible ; et il est nécessaire aussi qu'il y ait des intellectuels hors des partis, individuellement unis aux mouvements mais du dehors, ce qui représente le minimum de discipline et le maximum de critiques possible. Entre ceux-là et ceux-ci (disons entre les opportunistes et les gauchistes), il y a le marais des intellectuels qui vont d'une position à l'autre, les sans-parti disciplinés et ceux qui, tout près de sortir du Parti, ont aiguisé leurs critiques ; par eux une sorte d'osmose se substitue aux antagonismes, *on* entre et *on* sort du Parti. N'importe : si les antagonismes s'affaiblissent, contradictions et dissensions perpétuelles sont le lot de cet ensemble social que constituent les intellectuels — d'autant que, parmi eux, se sont glissés un bon nombre de *faux*, les seuls flics en état de comprendre les problèmes de l'intelligentsia. Seuls pourraient s'étonner de ce grouillement de contestations qui fait de la discorde le statut interne de l'intelligentsia, ceux qui se croient à l'ère de l'universel et non à celle de l'effort universalisant. Il est sûr que la pensée progresse par contradictions. Il faut souligner que ces divergences peuvent s'accentuer jusqu'à diviser profondément les intellectuels (après un échec, pendant un reflux, après le XXe Congrès ou après l'intervention soviétique à Budapest, en face des dissensions sino-soviétiques) et qu'elles risquent en ce cas d'affaiblir le mouvement et la pensée (aussi bien d'ailleurs que le mouvement populaire). Par cette raison, les intellectuels doivent tenter d'établir, de maintenir ou de rétablir une unité antagonistique entre eux, c'est-à-dire un accord dialectique affirmant que les contradictions sont des nécessités et que le dépassement unitaire des contraires est toujours possible, qu'il ne s'agit donc pas de vouloir ramener l'autre obstinément à son propre point de vue mais de créer par une compréhension approfondie des deux thèses les conditions de possibilité pour un dépassement de l'une et l'autre.

Nous voici aux termes de notre recherche. Nous savons qu'un intellectuel est un agent du savoir pratique et que sa contradiction majeure (universalisme de profession, particularisme de classe) le pousse à rejoindre le mouvement vers l'universalisation des classes défavorisées car elles ont fondamentalement la même fin que lui au lieu que la classe dominante le réduit au rang de moyen pour une fin particulière qui *n'est pas la sienne* et que, conséquemment, il n'a pas le droit d'apprécier.

Reste que, même ainsi défini, il n'est mandaté par personne : suspect aux classes travailleuses, traître pour les classes dominantes, refusant sa classe sans jamais pouvoir s'en délivrer tout à fait, il retrouve, modifiées et approfondies, ses contradictions jusque dans les partis populaires ; jusque dans ces partis, s'il y entre, il se sent à la fois solidaire et exclu puisqu'il y demeure en conflit latent avec le pouvoir politique ; partout *inassimilable*. Sa propre classe ne veut pas plus de lui qu'il ne veut d'elle mais aucune autre classe ne s'ouvre pour l'accueillir. Comment parler, dès lors, d'une *fonction* de l'intellectuel : n'est-ce pas plutôt *un homme de trop*, un produit *loupé* des classes moyennes, contraint par ses imperfections de vivre en marge des classes défavorisées mais sans jamais s'y joindre ? Beaucoup de gens, pris dans toutes les classes, pensent aujourd'hui que l'intellectuel s'arroge des fonctions qui n'existent pas.

En un sens, cela est vrai. Et l'intellectuel le sait fort bien. Il ne peut demander à personne de fonder en droit sa « fonction » : c'est un sous-produit de nos sociétés et la contradiction, en lui, de la vérité et de la croyance, du savoir et de l'idéologie, de la libre-pensée et du principe d'autorité, n'est pas le produit d'une *praxis* intentionnelle mais d'une réaction interne, en lui, c'est-à-dire de la mise en rapport dans l'unité synthétique d'une personne, de structures incompatibles entre elles.

Mais, à mieux regarder, ses contradictions sont celles de *chacun* et de la société entière. À tous, les fins sont volées, tous sont des moyens de fins qui leur échappent et qui sont fondamentalement inhumaines, tous sont partagés entre la pensée objective et l'idéologie. Simplement ces contradictions demeurent, en général, au niveau du vécu et se manifestent soit par l'insatisfaction de besoins élémentaires soit comme des *malaises* (chez les salariés des classes moyennes, par exemple) dont on ne cherche pas les causes. Cela ne signifie pas qu'on n'en souffre pas, bien au contraire, et l'on peut en mourir ou devenir fou : ce qui manque, faute de techniques exactes, c'est la prise de conscience réflexive. Et chacun, même s'il l'ignore, vise à cette prise de conscience qui permettrait à l'homme de reprendre en main cette société sauvage qui fait de lui un monstre et un esclave. L'intellectuel, par sa contradiction propre — qui devient sa *fonction* —, est poussé à faire pour lui-même et, en conséquence, *pour tous* la prise de conscience. En ce sens, il est suspect à tous puisqu'il est *au départ* contestataire donc traître en puissance mais, en un autre, il fait *pour tous* cette prise de conscience. Entendons que tous peuvent *après lui* la refaire. Certes, dans la mesure où il est situé et historique, le dévoilement qu'il tente d'opérer est sans cesse limité par les préjugés renaissants et par la confusion de l'universalité réalisée avec l'universalisation en cours, ajoutons : par son ignorance historique (insuffisance de ses instruments de recherche). Mais *a)* il exprime la société non telle qu'elle sera aux yeux de l'historien futur mais telle qu'elle peut être *pour elle-même* ; et son degré d'ignorance représente l'*ignorance minima* qui structure sa société ; *b)* il n'est, en conséquence, pas infaillible, bien

au contraire, il se trompe fréquemment mais
ses erreurs, dans la mesure où elles sont iné-
vitables, représentent le coefficient *minimum*
d'erreurs qui, dans une situation historique,
reste le propre des classes défavorisées.

À travers la lutte de l'intellectuel contre ses
propres contradictions, en lui et hors de lui,
la société historique prend un point de vue
encore hésitant, trouble, conditionné par les
circonstances extérieures, sur *elle-même*. Elle
tente de se penser *pratiquement,* c'est-à-dire de
déterminer ses structures et ses fins, bref de
s'universaliser à partir de méthodes qu'il met au
point en les dérivant des techniques du savoir.
D'une certaine manière, il se fait le *gardien des
fins fondamentales* (émancipation, universalisation donc humanisation de l'homme) mais
entendons-nous : au sein de la société, le technicien du savoir pratique a, en tant que fonctionnaire subalterne des superstructures, un certain
pouvoir : l'intellectuel, qui naît de ce technicien,
reste, lui, *sans pouvoir* même s'il est lié à la
direction du Parti. Car cette liaison lui rend, à
un autre niveau, son caractère de fonctionnaire
subalterne des superstructures et, tout en l'ac-
ceptant par discipline, il doit le contester sans
cesse et ne jamais s'arrêter de dévoiler le rapport des moyens choisis aux fins organiques. En
tant que tel, sa fonction va du témoignage au
martyre : le pouvoir, quel qu'il soit, veut utiliser

les intellectuels pour sa propagande mais s'en méfie et commence toujours les purges par eux. N'importe : tant qu'il peut écrire et parler, il reste le défenseur des classes populaires contre l'hégémonie de la classe dominante et contre l'opportunisme de l'appareil populaire.

Quand une société, à la suite d'un grand bouleversement (guerre perdue, occupation par l'ennemi vainqueur), perd son idéologie et son système de valeurs, elle se trouve souvent, presque sans y prendre garde, charger ses intellectuels de liquider et de reconstruire. Et, naturellement, ceux-ci ne remplacent pas, comme, en fait, on le leur demande, l'idéologie périmée par une autre idéologie, aussi particulière et permettant de reconstruire la même société : ils tentent d'abolir toute idéologie et de définir les *fins historiques* des classes travailleuses. Aussi, quand il arrive — comme au Japon, vers 1950 — que la classe dominante reprenne le dessus, elle leur reproche d'avoir manqué à leur devoir, c'est-à-dire de n'avoir pas *retapé* la vieille idéologie pour *l'adapter* aux circonstances (c'est-à-dire de ne pas s'être conduits conformément à l'idée générale du technicien du savoir pratique). À ce même moment, il se peut que les classes travailleuses (soit parce que le niveau de vie est en hausse, soit parce que l'idéologie dominante demeure puissante, soit parce qu'elles le rendent responsable de leurs échecs,

soit parce qu'elles ont besoin d'une *pause*)
condamnent l'action passée de l'intellectuel et
le laissent à sa solitude. Mais cette solitude est
son lot puisqu'elle naît de sa contradiction et,
pas plus qu'il n'en peut sortir, quand il vit en
symbiose avec les classes exploitées dont il ne
peut être l'intellectuel *organique*, pas plus il ne
peut, au moment de l'échec, l'abandonner par
une rétractation mensongère et vaine à moins
de passer du statut d'intellectuel à celui de faux
intellectuel. De fait, quand il travaille avec les
classes exploitées, cette *apparente* commu-
nion ne signifie pas qu'il ait raison et, dans les
moments de reflux, sa solitude presque totale ne
signifie pas qu'il ait eu tort. En d'autres termes,
le nombre ne fait rien à l'affaire. L'office de l'intellectuel est de vivre sa contradiction *pour tous*
et de la dépasser *pour tous* par le radicalisme
(c'est-à-dire par l'application des techniques de
vérité aux illusions et aux mensonges). Par sa
contradiction même, il devient le gardien de
la *démocratie* : il conteste le caractère abstrait
des droits de la « démocratie » bourgeoise, non
pas qu'il veuille les supprimer, mais parce qu'il
veut les compléter par les droits concrets de la
démocratie socialiste, en conservant, dans toute
démocratie, la vérité *fonctionnelle* de la liberté.

L'ÉCRIVAIN EST-IL UN INTELLECTUEL ?

1

Nous avons défini la situation de l'intellectuel par la contradiction, en lui, du savoir pratique (vérité, universalité) et de l'idéologie (particularisme). Cette définition s'applique aux enseignants, aux savants, aux médecins, etc. Mais à ce compte, l'écrivain est-il un intellectuel ? D'une part, on retrouve en lui la plupart des caractères fondamentaux de l'intellectualité. Mais d'autre part, il ne semble pas *a priori* que son activité sociale de « créateur » ait pour but l'universalisation et le savoir pratique. S'il est possible que la beauté soit un mode particulier de dévoilement, la part de *contestation* qu'il y a dans une œuvre belle semble très réduite et, d'une certaine manière, en proportion inverse de sa beauté. En particulier, d'excellents écrivains (Mistral) peuvent, semble-t-il, s'appuyer sur les traditions et le particularisme idéologique. Ils peuvent aussi s'opposer au développement de la théorie (en tant que celle-ci interprète le monde social et la place qu'ils y occupent) au nom du vécu (de leur expérience particulière) ou de la subjectivité absolue (culte de Moi, Barrès et l'ennemi — les Barbares, les ingénieurs — dans le « Jardin de Bérénice »). Au reste, peut-on appeler *savoir* ce que le lecteur retire de la lecture d'un écrivain ? Et, si cela est juste, ne sommes-nous pas obligés de définir l'écrivain par le choix d'un particularisme ? Ce qui l'empêcherait de vivre dans la contradiction qui *fait* les intellectuels. Alors que l'intellectuel cherche vainement son intégration dans la société pour ne rencontrer finalement que la solitude, est-ce que l'écrivain ne *choisirait* pas dès l'abord, cette solitude ? Si cela était, l'écrivain n'aurait d'autre tâche que *son art*. Pourtant, il est vrai que des écrivains *s'engagent* et luttent pour l'universalisation aux côtés des intellectuels sinon dans leurs rangs. Cela vient-il de raisons extérieures à leur art (conjoncture historique) ou n'est-ce pas une exigence qui, en dépit de tout ce qu'on vient de dire, naît de leur art ? C'est ce que nous allons examiner ensemble.

2

Le rôle, l'objet, les moyens, la fin de l'écriture ont changé au cours de l'histoire. Il n'est pas question de prendre le problème dans sa généralité. Nous envisagerons, ici, l'écrivain contemporain, le *poète* qui se déclare *prosateur* et qui vit depuis la fin de la dernière guerre mondiale à une époque où le naturalisme est illisible, où le réalisme est mis en question et où le symbolisme a également perdu sa force et son actualité. Le seul point de départ solide, c'est que l'écrivain contemporain (50-70) est un homme qui a pris pour matériau la langue *commune* ; j'entends celle qui sert de véhicule à toutes les propositions des membres d'une même société. Le langage, dit-on, sert à *s'exprimer*. Aussi a-t-on communément l'habitude de déclarer que la fonction de l'écrivain est *d'exprimer* ; en d'autres termes, que c'est quelqu'un qui a *quelque chose à dire*.

Mais tout le monde a *quelque chose à dire*, depuis le savant qui rend compte de ses expériences jusqu'à l'agent de la circulation qui fait un rapport sur un accident. Or, de toutes les choses que tous les hommes ont à dire, il n'en est pas une qui réclame d'être exprimée par l'écrivain. Plus précisément, qu'il s'agisse de lois, des structures de la société, des mœurs (anthropologie), des processus psychologiques ou métapsychologiques (psychanalyse), des événements qui *ont eu lieu* et des manières de vivre (histoire), rien de tout cela ne peut être considéré comme ce que l'écrivain *a à dire.* Il nous arrive à tous de rencontrer des gens qui nous disent : « Ah ! si je pouvais raconter ma vie, c'est un roman ! Tenez, vous qui êtes écrivain, je vous la donne : vous devriez l'écrire. » Dans ce moment, il y a retournement et l'écrivain s'aperçoit que les mêmes personnes qui le tiennent pour quelqu'un qui a quelque chose à dire, le tiennent aussi pour quelqu'un qui *n'a rien à dire.* En effet, les gens trouvent tout naturel de nous donner leur vie à raconter parce qu'ils pensent que l'*important* (pour eux et pour nous) c'est que nous possédions (plus ou moins bien) la technique du récit et que, pour nous, la chose à raconter, le contenu du récit, peut venir de n'importe où. C'est une opinion que partagent souvent les critiques. Par exemple, ceux qui ont dit : « Victor Hugo, c'est une forme à la recherche de son contenu », oublient que la forme exige certains contenus et en exclut d'autres.

3

Ce qui semble donner raison à cette manière de voir, c'est que l'écrivain n'a de recours — pour son art — que dans le langage commun. Normalement, en effet, un homme qui a *quelque chose à dire* choisit un moyen de communication qui puisse transmettre la plus grande quantité d'informations et ne contienne que le minimum de structures de *désinformation*. Ce sera, par exemple, une langue technique (conventionnelle, spécialisée, les mots introduits correspondant à des définitions précises, le code étant, dans la mesure du possible, soustrait aux influences désinformatrices de l'histoire) : langue des ethnologues, etc. Or, la langue commune — sur laquelle, d'ailleurs, se constituent de nombreux langages techniques qui conservent un peu de son imprécision — contient le maximum de *désinformations*. C'est-à-dire que, les mots, les règles de syntaxe, etc., se conditionnant mutuellement et n'ayant de réalité que par ce conditionnement mutuel, parler, c'est en fait susciter la langue entière comme ensemble conventionnel, structuré et *particulier*. À ce niveau, les particularités ne sont pas des informations sur l'objet dont l'écrivain parle ; elles peuvent devenir pour le linguiste des informations sur la langue. Mais, au niveau de la signification, elles sont ou simplement superflues ou nuisibles : par leur ambiguïté, par les limites mêmes de la langue comme totalité structurée, par la variété des sens que l'histoire leur a imposés. Bref, le *mot* de l'écrivain est d'une *matérialité* beaucoup plus dense, que, par exemple, le symbole mathématique — qui s'efface devant le signifié. On dirait qu'il veut à la fois pointer vaguement vers le signifié et s'imposer comme *présence*, ramener l'attention sur sa densité propre. C'est pour cette raison qu'on a pu dire : nommer c'est à la fois *présentifier* le signifié et le tuer, l'engloutir dans la masse verbale. Le mot du langage commun est à la fois *trop riche* (il déborde de loin le concept par son ancienneté traditionnelle, par l'ensemble de violences et de cérémonies qui constitue sa « mémoire », son « passé vivant ») et *trop pauvre* (il est défini par rapport à l'ensemble de la langue comme détermination fixe de celle-ci et non comme possibilité souple d'exprimer le neuf). Dans les sciences exactes, quand le neuf surgit, le mot pour le nommer est inventé simultanément par quelques-uns et adopté rapidement par tous : entropie, imaginaires, transfini, tenseurs, cybernétique, calcul opérationnel. Mais l'écrivain — bien qu'il lui arrive d'inventer des mots — a rarement recours à ce procédé pour transmettre un savoir ou un affect. Il préfère utiliser un mot « courant » en le chargeant d'un sens nouveau qui se surajoute aux anciens : en gros, on dirait qu'il a fait vœu d'utiliser *tout* le langage commun et lui seulement, avec tous les caractères désinformatifs qui en limitent la portée. Si l'écrivain adopte le langage courant, ce n'est donc pas seulement en tant que le langage peut transmettre un savoir mais aussi en tant qu'il ne le transmet pas. Écrire, c'est à la fois posséder la langue (« les naturalistes japonais, a dit un de vos critiques, ont *conquis* la prose sur la poésie ») et ne pas la posséder, dans la mesure où le langage est *autre* que l'écrivain et *autre* que les hommes. Une langue spécialisée est l'œuvre consciente des spécialistes qui en usent ; son caractère conventionnel résulte d'*accords* synchroniques et diachroniques qu'ils passent entre eux : un phénomène est souvent nommé, au début, par deux ou plusieurs mots et, progressivement, un d'eux s'impose et les autres disparaissent ; en ce sens, le jeune chercheur qui étudie la discipline en question est amené à passer lui aussi ces accords, tacitement ; il apprend en même temps la chose et le mot qui la désigne ; par cette raison, il se trouve, comme sujet collectif, *maître de sa langue technique*. L'écrivain, au contraire, sait que la langue commune se développe par les hommes qui la parlent mais *sans accords* : la convention s'établit à travers eux mais en tant que les groupes sont *autres*, les uns pour les autres, et par suite autres qu'eux-mêmes et en tant que l'ensemble linguistique se développe d'une certaine manière qui paraît autonome comme une matérialité qui est médiation entre les hommes dans la mesure où les hommes sont médiateurs entre ses différents aspects (ce que j'ai appelé *pratico-inerte*). Or, l'écrivain s'inté-resse à cette matérialité en tant qu'elle semble affectée d'une vie indépendante et qu'elle lui échappe — comme à tous les autres parleurs. En français, il y a deux genres — masculin-féminin — qui ne se comprennent que l'un par l'autre. Or, outre que ces deux genres désignent, en effet, les hommes et les femmes, ils désignent aussi, par suite d'une longue histoire, des objets qui en eux-mêmes ne sont ni masculins ni fémi-nins mais neutres ; en ce cas, cette dichotomie sexuelle est dépourvue de signification concep-tuelle. Elle devient *désinformatrice* quand elle va jusqu'à invertir les rôles, le féminin s'appli-quant à l'homme et le masculin à la femme. Un des plus grands écrivains de ce temps, Jean Genet, aimait des phrases comme celle-ci : « les brûlantes amours de la sentinelle et du manne-quin », « amour » est masculin au singulier et féminin au pluriel ; la sentinelle est un homme, le mannequin une femme. Cette phrase trans-met, certes, une information : ce soldat et cette femme qui présente des collections de couturier s'aiment passionnément. Mais elle le transmet si bizarrement qu'elle est aussi déformatrice : l'homme est féminisé, la femme masculinisée ; disons qu'elle est rongée par une matérialité faussement informatrice. Pour tout dire, c'est une *phrase d'écrivain* où l'information est inventée pour que la pseudo-information soit plus riche.

C'est au point que Roland Barthes a distingué les écrivants et les écrivains. L'écrivant se sert du langage pour transmettre des informations. L'écrivain est le gardien du langage commun mais il va plus loin et son matériau est le langage comme non-signifiant ou comme désinformation ; c'est un artisan qui produit un certain objet verbal par un travail sur la matérialité des mots, en prenant pour moyen les significations et le non-signifiant pour fin.

En revenant à notre description première, nous dirons que le prosateur a *quelque chose à dire* mais que ce quelque chose *n'est rien de dicible*, rien de conceptuel ni de conceptualisable, rien de signifiant. Nous ne savons pas encore ce que c'est ni si, dans sa quête, il y a un effort vers l'universalisation. Nous savons seulement que l'objet se forme par un travail sur les particularités d'une langue historique et nationale. L'objet ainsi formé sera : 1° un enchaînement de significations qui se commandent entre elles (par exemple : une *histoire* racontée) ;

2° mais, en tant que totalité, il est autre et plus que cela : la richesse du non-signifiant et de la désinformation se referme, en effet, sur l'ordre des significations.

Si écrire consiste à *communiquer,* l'objet littéraire apparaît comme la communication *par-delà le langage* par le silence non signifiant qui s'est refermé par les mots bien qu'il ait été produit par eux. De là, cette phrase : « C'est de la littérature » qui signifie : « Vous parlez pour ne rien dire. » Reste à nous demander quel est ce *rien,* ce non-savoir silencieux que l'objet littéraire doit communiquer au lecteur. La seule manière de mener cette enquête, c'est de remonter du *contenu signifiant* des œuvres littéraires au silence fondamental qui l'entoure.

4

Le contenu signifiant d'une œuvre littéraire peut viser le monde *objectif* (par là, j'entends aussi bien la société, l'ensemble social des Rougon-Macquart que l'univers objectivé de l'intersubjectivité, Racine ou Proust ou Nathalie Sarraute) ou le monde *subjectif* (il ne s'agit plus ici d'analyse, de distanciation mais d'une adhésion complice : *Naked Lunch* de Burroughs). Dans les deux cas, le contenu, pris en lui-même, est abstrait, au sens originel de ce terme, c'est-à-dire séparé des conditions qui en feraient un objet susceptible d'exister par lui-même.

Prenons le premier cas : qu'il s'agisse d'une tentative pour dévoiler le monde social *tel qu'il est* ou de montrer l'interpsychologie de certains groupes, il faudrait supposer, à ne considérer que l'ensemble des significations proposées, que l'auteur peut *survoler* son objet. L'écrivain aurait donc une « conscience de survol » : l'auteur, désitué, plane au-dessus du monde. Pour *connaître* le monde social, il faut prétendre n'être pas conditionné par lui ; pour connaître la psychologie intersubjective, il faut prétendre n'être pas, en tant qu'écrivain, conditionné psychologiquement. Or, il va de soi que c'est impossible au romancier : Zola voit *le-monde-que-voit-Zola*. Non que ce qu'il voit soit pure illusion subjective : le naturalisme s'est appuyé en France sur les sciences de l'époque et Zola était, en outre, un observateur remarquable. Mais ce qui révèle Zola dans ce qu'il raconte, c'est l'angle de vue, la mise en lumière, les détails avantagés et ceux qu'il laisse dans l'ombre, la technique du récit, le découpage des épisodes. Thibaudet appelait Zola un écrivain *épique*. Et c'est vrai. Mais il faudrait aussi l'appeler un écrivain *mythique* car, bien souvent, ses personnages sont aussi des mythes. Nana, par exemple, c'est d'une part la fille de Gervaise, devenue une grande prostituée du Second Empire, mais c'est avant tout un mythe : la Femme fatale, issue d'un prolétariat écrasé et qui venge sa classe sur les mâles de la classe dominante. Il faudrait enfin recenser, dans ses ouvrages, ses obsessions sexuelles et autres, retrouver son sentiment diffus de culpabilité.

Il serait, d'ailleurs, difficile, à qui a pratiqué Zola, de ne pas le *reconnaître* si on donne à lire un chapitre de ses œuvres sans mentionner le nom de l'auteur. Mais reconnaître n'est pas connaître. On lit la description épico-mythique de l'exposition de blanc dans *Au bonheur des dames* et l'on dit : « C'est du Zola. » Ce qui est apparu, c'est Zola, reconnu mais inconnaissable car il ne se connaît pas, Zola produit de la société qu'il décrit et qui la regarde avec les yeux qu'elle lui a faits. Cet auteur est-il tout à fait inconscient du fait qu'il *se met* dans les livres ? Non : si l'écrivain naturaliste ne voulait pas qu'on le reconnaisse et qu'on l'admire, il aurait abandonné la littérature pour les disciplines scientifiques. Le plus objectif des écrivains veut être une présence invisible mais *sentie* dans ses livres. Il le veut et, d'ailleurs, ne peut faire qu'il ne soit tel.

Inversement, ceux qui écrivent leurs fantasmes en parfaite complicité avec eux-mêmes, nous livrent nécessairement la présence du monde en tant, justement, qu'il les conditionne et que leur place dans la société est en partie la raison de leur manière d'écrire : au moment où ils sont en parfait accord avec eux-mêmes on reconnaît en eux une particularisation de l'idéalisme bourgeois et de l'individualisme. D'où vient cela ? Eh bien, les sciences exactes et particulièrement l'anthropologie ne rendent pas un compte exact de ce que nous sommes. Tout ce qu'elles disent est vrai, rien d'autre n'est vrai mais l'attitude scientifique suppose une certaine *distance* de la connaissance par rapport à son objet : c'est valable pour les sciences de la nature (macrophysique) et pour l'anthropologie dans la mesure où le savant peut se situer à l'extérieur de l'objet étudié (ethnographie, sociétés primitives, études de structures sociales à partir de méthodes exactes, études statistiques d'un type de comportement social, etc.). Ce n'est déjà plus vrai en microphysique où l'expérimentateur fait objectivement partie de l'expérience. Et cette condition particulière nous renvoie au fait capital de l'existence humaine, à ce que Merleau-Ponty nommait notre *insertion dans le monde* et que j'ai appelé notre *particularité*. Merleau-Ponty disait aussi : nous sommes voyants parce que nous sommes visibles. Ce qui revient à dire : nous ne pouvons voir le monde *devant nous* que s'il nous a *constitués voyants*, par-derrière, ce qui veut dire nécessairement *constitués visibles* : de fait il y a un lien profond entre notre être — les déterminations que nous avons à exister — et l'être de devant, celui qui se donne à voir. Cette apparition qui se constitue dans un monde qui *me* produit en me vouant par la singularité banale de la naissance à *une aventure unique*, en tant qu'il m'a donné, *par ma place* — fils de l'homme, fils de petit-bourgeois intellectuel, fils de telle famille —, un *destin général* (destin de classe, destin de famille, destin historique), cette apparition — pour mourir dans un univers qui me fait et que j'intériorise par mon projet même de m'en arracher, cette intériorisation de l'extérieur qui se fait par le mouvement même par quoi j'extériorise mon intériorité — c'est précisément ce que nous appelons *l'être-dans-le-monde* ou *l'univers singulier*. Cela peut encore s'exprimer autrement : partie d'une totalisation en cours, je suis le produit de cette totalisation et, par là, je l'exprime entièrement ; mais je ne peux l'exprimer qu'en me faisant totalisateur c'est-à-dire en saisissant le monde de devant dans un dévoilement pratique ; c'est ce qui explique que Racine produise sa société (son époque, les institutions, sa famille, sa classe, etc.) en produisant dans ses œuvres *l'intersubjectivité dévoilée* ; et que Gide révèle le monde qui le produit et le conditionne dans les conseils qu'il donne à Nathanaël ou dans les pages les plus intimes de son journal. L'écrivain, pas plus qu'un autre, ne peut échapper à l'insertion dans le monde et ses écrits sont le type même de l'universel singulier : quels qu'ils soient, ils ont ces deux faces complémentaires : la singularité historique de leur être, l'universalité de leurs visées — ou l'inverse (l'universalité de l'être et la singularité des visées). Un livre, c'est nécessairement une partie du monde à travers laquelle la totalité du monde *se manifeste* sans jamais, pour autant, se dévoiler.

Ce double aspect, constamment présent, de l'œuvre littéraire fait sa richesse, son ambiguïté et ses limites. Il n'apparaissait pas explicitement aux classiques et aux naturalistes bien qu'il ne leur échappât pas non plus entièrement. Aujourd'hui, il est manifeste que cela n'est pas seulement une détermination subie de l'œuvre littéraire et que celle-ci, quand elle se fait, *ne peut avoir d'autre fin que d'exister à la fois sur les deux tableaux*, par la raison, en tout cas, que sa structure d'universel singulier détruit toute possibilité de poser une fin unilatérale. L'écrivain utilise le langage pour produire un objet à double clé qui témoigne dans son être et dans sa fin de l'universalité singulière et de la singularité universalisante.

Il faut, pourtant, bien nous entendre. Que je sois universellement déterminé, je le sais ou je peux le savoir ; que je sois partie d'une totalisation en cours totalisé et par le moindre de mes gestes retotalisateur, je le sais ou peux le savoir. Certaines sciences humaines — marxisme, sociologie, psychanalyse — peuvent me donner à connaître ma *place* et les lignes générales de mon aventure : je suis un petit-bourgeois, fils d'officier de marine, orphelin de père, avec un grand-père médecin et l'autre professeur, j'ai reçu la culture bourgeoise telle qu'on la débitait entre 1905 et 1929, date à laquelle mes études ont officiellement pris fin ; ces faits, liés à certaines données objectives de mon enfance, m'ont prédisposé à certaines réactions névrotiques que je connais. Si j'envisage cet ensemble sous l'éclairage de l'anthropologie, j'acquerrai sur moi un certain savoir qui, loin d'être inutile à l'écrivain, est aujourd'hui *requis* par l'approfondissement de la littérature. Mais il est requis pour éclairer la démarche littéraire, pour la situer en extériorité et pour débroussailler la relation de l'écrivain au monde de *devant*. Si précieuse soit-elle, la connaissance de moi-même et des autres dans notre pure objectivité ne fait pas l'objet fondamental de la littérature, puisque c'est l'universel *sans* le singulier. Ni, inversement, la complicité totale avec les fantasmes. Ce qui fait son objet, c'est l'être-dans-le-monde non pas en tant qu'on l'approche de l'extérieur mais en tant qu'il est *vécu* par l'écrivain. Par cette raison, la littérature, bien qu'elle doive de plus en plus s'appuyer sur le savoir universel n'a à transmettre d'informations sur aucun secteur de ce savoir. Son sujet, c'est l'unité du monde sans cesse remise en question par le double mouvement de l'intériorisation et de l'extériorisation ou, si l'on préfère, par l'impossibilité pour la partie d'être autre chose qu'une détermination du tout et de se fondre au tout qu'elle nie par sa détermination *(omnis determinatio est negatio)* qui pourtant lui vient par le tout. La distinction du monde de *derrière* et du monde de *devant* ne doit pas nous empêcher de voir la circularité de ces deux mondes qui n'en font qu'un : la haine des bourgeois qu'éprouve Flaubert, c'est sa manière d'extérioriser l'intériorisation de l'*être-bourgeois*. Ce « pli dans le monde » dont parlait Merleau-Ponty, c'est aujourd'hui l'unique objet possible de la littérature. L'écrivain restituera, par exemple, un paysage, un spectacle de la rue, un événement.

1° En tant que ces singularités sont des incarnations du tout, qui est le monde.

2° Simultanément, en tant que la façon dont il les exprime témoigne qu'il est lui-même une incarnation différente du même tout (monde intériorisé).

3° En tant que cette dualité insurmontable manifeste une unité rigoureuse mais qui hante l'objet produit sans s'y faire *voir*. De fait, la personne est originellement cette unité mais son existence la détruit comme unité dans la

manière même dont elle la manifeste. Puisque
la destruction même de cette existence ne res-
taurerait pas l'unité, mieux vaut que l'écrivain
tente de la faire sentir à travers l'ambiguïté de
l'œuvre comme l'impossible unité d'une dualité
suggérée.

Si tel est bien — qu'il en soit ou non tout à
fait conscient — le but de l'écrivain moderne,
il résulte de là plusieurs conséquences pour ses
œuvres :

1° D'abord, il est vrai que l'écrivain n'a fondamentalement *rien* à dire. Entendons par là que
son but fondamental n'est pas de communiquer
un *savoir*.

2° Pourtant il *communique*. Cela signifie qu'il
donne à saisir sous forme d'un objet (l'œuvre)
la condition humaine prise à son niveau radical
(l'être-dans-le-monde).

3° Mais cet être-dans-le-monde n'est pas
présenté comme je fais en ce moment par des
approximations verbales qui visent encore
l'universel (car je le décris en tant que c'est
la manière d'être de tous — ce qui pourrait
s'exprimer par ces mots : l'homme est le fils
de l'homme). L'écrivain ne peut que témoigner
du sien en produisant un objet ambigu qui le
propose allusivement. Ainsi le vrai rapport du
lecteur à l'auteur reste le non-savoir ; à lire le
livre, le lecteur doit être ramené indirectement
à sa propre réalité de singulier universel ; il doit

se réaliser — à la fois parce qu'il entre dans le livre et parce qu'il n'y entre pas tout à fait — comme une partie autre du même tout, comme une autre prise de vue du monde sur lui-même.

4° Si l'écrivain n'a *rien* à dire, c'est qu'il doit manifester *tout,* c'est-à-dire ce rapport singulier et pratique de la partie au tout qu'est l'être-dans-le-monde ; l'objet littéraire doit témoigner de ce paradoxe qu'est l'homme dans le monde, non pas en donnant des connaissances sur *les* hommes (ce qui ferait de son auteur un psychologue amateur, un sociologue amateur, etc.) mais en objectivant et en subjectivisant simultanément l'être-dans-le-monde, dans-ce-monde, comme relation constitutive et indicible de tous à tout et à tous.

5° Si l'œuvre d'art a tous les caractères d'un universel singulier, tout se passe comme si l'auteur avait pris le paradoxe de sa condition humaine comme *moyen* et l'objectivation *au milieu du monde* de cette même condition dans un objet comme *fin.* Ainsi la beauté, aujourd'hui, n'est autre que la condition humaine présentée non comme une facticité mais comme produit par une liberté créatrice (celle de l'auteur). Et, dans la mesure où cette liberté créatrice vise à la communication, elle s'adresse à la liberté créatrice du lecteur et l'incite à recomposer l'œuvre par la lecture (qui est, elle aussi, création), bref, à saisir librement son propre être-dans-le-monde comme s'il était le produit de sa liberté ; autrement dit, comme s'il était l'auteur responsable de son être-dans-le-monde tout en le subissant ou, si l'on veut, comme s'il était le monde librement incarné.

Ainsi, l'œuvre d'art littéraire ne peut être la vie s'adressant directement à la vie et cherchant à réaliser par l'émotion, le désir charnel, etc., une symbiose de l'auteur et du lecteur. Mais, s'adressant à la liberté, elle invite le lecteur à assumer sa propre vie (mais non pas les circonstances qui la modifient et peuvent la rendre intolérable). Elle l'y invite non pas en le moralisant mais, au contraire, en tant qu'elle exige de lui l'effort esthétique de la recomposer comme unité paradoxale de la singularité et de l'universalité.

6° À partir de là, nous pouvons comprendre que l'unité totale de l'œuvre d'art *recomposée* est le silence, c'est-à-dire la libre incarnation, à travers les mots et au-delà des mots, de l'être-dans-le-monde comme non-savoir refermé sur un savoir partiel mais universalisant. Reste à se demander comment l'auteur peut engendrer le non-savoir fondamental — objet du livre — au moyen de significations, c'est-à-dire proposer le silence avec des mots.

C'est ici qu'on peut entendre pourquoi l'écrivain est le spécialiste du langage commun, c'est-à-dire de la langue qui contient la plus grande quantité de *désinformations*. D'abord, les mots sont à double face comme l'*être-dans-le-monde*. D'une part ce sont des objets sacrifiés : on les dépasse vers leurs significations, lesquelles deviennent, une fois comprises, des schémas verbaux polyvalents qui peuvent s'exprimer de cent manières différentes c'est-à-dire avec d'autres mots. D'autre part, ce sont des réalités matérielles : en ce sens, ils ont des structures objectives qui s'imposent et peuvent toujours s'affirmer aux dépens des significations. Le mot « grenouille » ou le mot « bœuf » ont des figures sonores et visuelles : ce sont des présences. En tant que telles, ils contiennent une part importante de non-savoir. Beaucoup plus que les symboles mathématiques. « *La grenouille qui veut se faire aussi grosse qu'un bœuf* » contient, dans le mélange inextricable de sa matérialité et de sa signification, beaucoup plus de corporéité que « $x \rightarrow y$ ». Et ce n'est pas *malgré* cette lourdeur matérielle mais à *cause d'elle* que l'écrivain choisit d'utiliser le langage commun. Son art est, tout en délivrant une signification aussi exacte que possible, d'attirer l'attention sur la matérialité du mot, de telle sorte que la chose signifiée soit à la fois au-delà du mot et, en même temps, qu'elle s'incarne dans cette matérialité. Non que le mot « grenouille » ait une ressemblance quelconque avec l'animal. Mais, *précisément pour cela*, il est chargé de manifester au lecteur l'inexplicable et pure présence matérielle de la grenouille.

Aucun élément du langage ne peut être suscité sans que tout le langage soit présent, dans sa richesse et dans ses limites. En ce sens, il diffère des langues techniques dont chaque spécialiste se sent le coauteur parce qu'elles sont l'objet de conventions intentionnelles. La langue commune, au contraire, s'impose à moi tout entière en tant que je suis *un autre* que moi-même et en tant qu'elle est le produit conventionnel mais involontaire de chacun en tant qu'il est *autre que soi* par et pour les autres. Je m'explique : au marché, je souhaite, en tant que je suis moi-même, que le prix de cette marchandise soit le plus bas ; mais le seul fait de ma demande a pour effet de relever les prix : c'est que, pour les marchands, je suis *un autre,* comme tous les autres et, en tant que tel, je me fais contraire à mes intérêts. Ainsi pour la langue commune : je la parle et, du coup, je suis, en tant qu'autre, parlé par elle. Bien entendu, les deux faits sont simultanés et dialectiquement liés. À peine ai-je dit : Bonjour, comment allez-vous ? je ne sais déjà plus si j'use du langage ou si le langage use de moi. J'en use : j'ai voulu saluer dans sa particularité un homme que j'ai plaisir à revoir ; il use de moi : je n'ai fait que réactualiser — avec des intonations particulières, il est vrai — un lieu commun du discours qui s'affirme à travers moi et, dès cet instant, tout le langage est présent et, dans la conversation qui suit, je verrai mes intentions déviées, limitées, trahies, enrichies par l'ensemble articulé des morphèmes. Ainsi le langage, étrange mode de liaison, m'unit *comme autre* à l'autre *en tant qu'autre* dans la mesure même où il nous unit comme *les mêmes,* c'est-à-dire comme sujets communiquant intentionnellement. Le but de l'écrivain n'est aucunement de supprimer cette situation paradoxale mais de l'exploiter au maximum et de faire de son *être-dans-le-langage* l'expression de son *être-dans-le-monde.* Il utilise les phrases comme agents d'ambiguïté, comme présentification du tout structuré qu'est la langue, il joue sur la pluralité des sens, il se sert de l'histoire des vocables et de la syntaxe pour créer des sur-significations aberrantes ; loin de vouloir combattre les limites de sa langue, il en use de façon à rendre son travail quasiment incommunicable à d'autres que ses compatriotes, renchérissant sur le particularisme national dans le moment qu'il livre des significations universelles. Mais, dans la mesure où il fait du non-signifiant la matière propre de son art, il ne prétend pas produire des jeux de mots absurdes (encore que la passion des calembours — comme on voit chez Flaubert — n'est pas une mauvaise préparation à la littérature), il vise à présenter les significations obscurcies telles qu'elles se présentent à travers son être-dans-le-monde. Le *style*, en effet, ne communique aucun savoir : il produit l'universel singulier en montrant à la fois la langue comme généralité produisant l'écrivain et le conditionnant tout entier dans sa facticité et l'écrivain comme aventure, se retournant sur sa langue, ou assumant les idiotismes et les ambiguïtés pour donner témoignage de sa singularité pratique et pour emprisonner son rapport au monde, en tant que vécu, dans la présence matérielle des mots. « Le moi est haïssable ; vous, Miton, le couvrez mais vous ne l'ôtez pas. » La signification dans cette phrase est universelle mais le lecteur l'apprend à travers cette brusque singularité non signifiante, le style, qui désormais s'attachera si bien à elle qu'il ne pourra penser l'idée qu'à travers cette singularisation, c'est-à-dire à travers Pascal la pensant. Le style, c'est la langue tout entière, prenant sur elle-même, par la médiation de l'écrivain, le point de vue de la singularité ! Ce n'est, bien entendu, qu'une manière — mais fondamentale — de présenter l'être-dans-le-monde. Il y en a cent autres, dont il faut user simultanément, et qui marquent le *style de vie* de l'écrivain (souplesse, dureté, vivacité foudroyante de l'attaque ou, au contraire, lents démarrages, préparations savantes, aboutissant à de brusques raccourcis, etc.). Chacun sait de quoi je veux parler : de tous ces caractères qui livrent un homme au point qu'on sent presque son souffle mais *sans le donner à connaître.*

7° Cet usage fondamental du langage ne peut même être tenté si ce n'est, en même temps, pour livrer des significations. Sans signification, pas d'ambiguïté, l'objet ne vient pas habiter le mot. Et comment parlerait-on de raccourcis ? Raccourcis de quoi ? Le propos essentiel de l'écrivain moderne, qui est de travailler l'élément non signifiant du langage commun pour faire découvrir au lecteur l'être-dans-le-monde d'un universel singulier, je propose de l'appeler : recherche du *sens.* C'est la présence de la totalité dans la partie : le style est au niveau de l'intériorisation de l'extériorité, c'est, dans l'effort singulier de dépassement vers les significations, ce qu'on pourrait appeler la *saveur* de l'époque, le *goût* du moment historique tels qu'ils apparaissent à une personne formée singulièrement par la même histoire.

Mais, bien que fondamental il reste à l'arrière-plan puisqu'il ne figure que l'insertion dans le monde de l'écrivain : ce qui est donné en pleine clarté, c'est l'ensemble signifiant qui correspond au monde du devant, tel qu'il apparaît, universel, sous un angle de vue conditionné par le monde de derrière. Mais les significations ne sont que des quasi-significations et leur ensemble ne constitue qu'un quasi-savoir : *d'abord* parce qu'elles sont élues comme les moyens du *sens* et qu'elles *s'enracinent dans le sens* (autrement dit parce qu'elles sont constituées à partir du style, exprimées par le style et, comme telles, brouillées à partir de leur origine), *ensuite* parce que, d'elles-mêmes, elles apparaissent comme découpées dans l'universel par une singularité (ainsi comprennent-elles, elles-mêmes, l'unité et la contradiction explosive du singulier et de l'universel). Tout ce qui peut être donné dans un roman peut apparaître comme universel mais c'est une fausse universalité qui se dénonce elle-même ou qui est dénoncée par le reste du livre. Akinari, dans *Le Rendez-vous aux chrysanthèmes*, commence en ces termes : « L'inconstant se lie facilement mais pour peu de temps ; l'inconstant, une fois qu'il a rompu, jamais plus ne s'informera de vous. » Voilà des propositions universelles, à ne considérer qu'elles. Mais *dans le conte*, l'universalité est fausse. En premier lieu, ce sont deux jugements analytiques qui nous donnent la définition — déjà *sue* par nous — de l'inconstance. Ensuite que viennent-ils faire ici puisque l'histoire ne nous parle pas d'inconstance mais, au contraire, d'une constance merveilleuse. Au point que nous sommes renvoyés à la singularité d'Akinari. Pourquoi a-t-il voulu cette phrase ? Elle figurait dans le conte chinois dont il s'est inspiré en le modifiant totalement : l'a-t-il laissée par inadvertance ? ou pour indiquer franchement la source de son récit ? ou pour produire un effet de surprise en laissant croire au lecteur que c'est l'inconstance qui a empêché l'ami d'être au rendez-vous et dévoiler ensuite son incomparable fidélité ? De toute façon, la phrase est indirectement problématique et son aspect universel est contredit par la singularité des raisons qui l'ont fait placer là. Le style constitue l'expression de notre conditionnement invisible par le monde de l'arrière et les significations constituent l'effort pratique de l'auteur ainsi conditionné pour atteindre *à travers ce conditionnement* les données du monde de devant.

8° À partir de ces quelques remarques, on peut affirmer que l'œuvre littéraire d'aujourd'hui se donne pour tâche de manifester en même temps les deux faces de l'être-dans-le-monde ; elle doit se faire elle-même le dévoilement à soi du monde par la médiation d'une partie singulière qu'il a produite, en sorte qu'on présente l'universel partout comme le générateur de la singularité et réciproquement qu'on saisisse la singularité comme courbure et limite invisibles de l'universel. On peut dire aussi que l'objectivité doit être décelée à chaque page comme structure fondamentale du subjectif et, inversement, que la subjectivité doit être partout repérable comme l'impénétrabilité de l'objectif.

Si l'œuvre a cette double intention, il importe

peu qu'elle se présente sous une forme ou sous une autre, qu'elle apparaisse, comme chez Kafka, à la façon d'un récit objectif et mystérieux, une sorte de symbolisme sans symbole ni rien de précisément symbolisé (jamais une métaphore donnant indirectement un savoir mais toujours une *écriture* indiquant sans cesse les modalités vécues de l'être-dans-le-monde en ce qu'elles ont d'indéchiffrable) ou que, comme dans les derniers romans d'Aragon, l'auteur intervienne lui-même dans son récit pour en limiter l'universalité dans le moment même qu'il paraît vouloir l'étendre ou, tout simplement, comme chez Proust, qu'un personnage fictif — mais frère du narrateur — intervienne dans l'aventure comme juge et partie, agent provocateur et témoin de l'aventure ou que le rapport du singulier et de l'universel soit fixé de cent autres façons (Robbe-Grillet, Butor, Pinget, etc.). Cela dépend de l'entreprise particulière, il n'y a pas de forme prioritaire. Prétendre le contraire, c'est *à la fois* tomber dans le formalisme (universaliser une forme qui ne peut exister que comme *une* expression de l'universel *singulier* : le *vous* de *La Modification* n'est valable que là ; mais il y est parfaitement valable) et dans le chosisme (faire de la forme une *chose*, une étiquette, un rite alors qu'elle n'est que l'unité interne du contenu).

Par contre, il n'est pas d'œuvre valable si elle

n'en rend pas compte du *tout* sur le mode du non-savoir, du vécu. Le tout, c'est-à-dire le passé social et la conjoncture historique en tant qu'ils sont *vécus* sans être *connus.* Cela signifie que le singulier ne peut se montrer que comme particularisation non signifiante de l'appartenance à la communauté et à ses structures objectives et inversement que les quasi-significations visées n'ont de sens, comme structures objectives du social, que si elles apparaissent comme ne pouvant être concrètes qu'en tant que vécues à partir d'un enracinement particulier ou, si l'on préfère, que l'universel objectif — jamais atteint — est à l'horizon d'un effort d'universalisation qui naît de la singularité et la conserve en la niant.

Cela signifie d'une part que l'œuvre doit répondre de l'époque entière c'est-à-dire de la situation de l'auteur dans le monde social et, à partir de cette insertion singulière, du monde social tout entier, en tant que cette insertion fait de l'auteur — comme de tout homme — un être qui est en question *concrètement* dans son être, qui *vit* son insertion sous forme d'aliénation, de réification, de frustration, de manque d'isolement sur un fond *soupçonné* de plénitude possible. Et en tant que la totalisation elle-même est particularisée historiquement comme simple moment d'une totalisation en cours. Il n'est pas possible, aujourd'hui, qu'un écrivain

ne vive son être-dans-le-monde sous forme
d'être-dans-le-*One World,* c'est-à-dire sans se
sentir affecté dans sa vie par les contradictions
de celui-ci (par exemple : armement atomique
— guerre populaire — avec ce fond permanent :
la possibilité pour les hommes d'aujourd'hui de
détruire radicalement l'espèce humaine, la possibilité d'aller vers le socialisme). Tout écrivain
qui ne se proposerait pas de rendre le monde
de la bombe atomique et des recherches spa-
tiales en tant qu'il l'a vécu dans l'obscurité, l'impuissance et l'inquiétude, parlerait d'un monde
abstrait non de celui-ci et ne serait qu'un amu-
seur ou un charlatan. Peu importe la manière
dont il rendra compte de son insertion dans la
conjoncture : il suffit qu'une angoisse vague se
traînant de page en page manifeste l'existence
de la bombe, il n'y a nul besoin de parler de la
bombe. Il faut au contraire que la totalisation
se fasse dans le non-savoir et inversement, en
tant que la vie est fondement de tout et négation radicale de ce qui la met en péril, la totalisation n'est pas passivement intériorisée mais
saisie du point de vue de l'importance unique
de la vie. L'ambivalence qui est le fondement de
l'œuvre littéraire serait assez bien marquée par
une phrase de Malraux, « Une vie ne vaut rien,
rien ne vaut une vie », qui réunit le point de vue
du monde de derrière (produisant et écrasant
chaque vie dans l'indifférence) et le point de vue

de la singularité qui se jette contre la mort et s'affirme dans son autonomie.

L'engagement de l'écrivain vise à communiquer l'incommunicable (l'être-dans-le-monde vécu) en exploitant la part de désinformation contenue dans la langue commune, et de maintenir la tension entre le tout et la partie, la totalité et la totalisation, le monde et l'être-dans-le-monde comme *sens* de son œuvre. Il est *dans son métier même* aux prises avec la contradiction de la particularité et de l'universel. Au lieu que les autres intellectuels ont vu naître leur fonction d'une contradiction entre les exigences universalistes de leur profession et les exigences particularistes de la classe dominante, il trouve dans sa tâche interne l'obligation de demeurer sur le plan du vécu tout en suggérant l'*universalisation* comme l'affirmation de la vie à *l'horizon*. En ce sens, il n'est pas intellectuel *par accident*, comme eux, mais *par essence*. Précisément par cette raison, l'œuvre exige par elle-même qu'il se place *hors d'elle* sur le plan théorico-pratique où sont déjà les autres intellectuels : car elle est d'une part restitution — sur le plan du non-savoir — de l'être dans un monde qui nous écrase et, d'autre part, affirmation vécue de la vie comme valeur absolue et exigence d'une liberté qui s'adresse à toutes les autres.

PRÉFACE.
Peut-on encore sauver les intellectuels ?,
par Gérard Noiriel   9

PREMIÈRE CONFÉRENCE.
Qu'est-ce qu'un intellectuel ?   39

DEUXIÈME CONFÉRENCE.
Fonction de l'intellectuel   71

TROISIÈME CONFÉRENCE.
L'écrivain est-il un intellectuel ?   109

DU MÊME AUTEUR

Aux Éditions Gallimard

Romans

LA NAUSÉE (« Folio », *n° 805* ; « Foliothèque », *n° 28. Essai technique et dossier réalisés par Jacques Deguy*).

LES CHEMINS DE LA LIBERTÉ, I : L'ÂGE DE RAISON (« Folio », *n° 870*).

LES CHEMINS DE LA LIBERTÉ, II : LE SURSIS (« Folio », *n° 866*).

LES CHEMINS DE LA LIBERTÉ, III : LA MORT DANS L'ÂME (« Folio », *n° 58*).

ŒUVRES ROMANESQUES (« Bibliothèque de la Pléiade »). *Édition de Michel Contat et Michel Rybalka.*

Nouvelles

LE MUR (Le mur – La chambre – Érostrate – Intimité – L'enfance d'un chef) (« Folio », *n° 878*).

L'ENFANCE D'UN CHEF. Extraite de *Le mur* (« Folio », *n° 3932*).

Théâtre

THÉÂTRE, I : Les Mouches – Huis clos – Morts sans sépulture – La Putain respectueuse.

LES MAINS SALES (« Folio », *n° 806.* ; « Foliothèque », *n° 10. Essai critique et dossier réalisés par Marc Buffat*).

LE DIABLE ET LE BON DIEU (« Folio », *n° 869*).

KEAN, d'après Alexandre Dumas.

NEKRASSOV (« Folio », *n° 431*).

LES SÉQUESTRÉS D'ALTONA (« Folio », *n° 938*).

LES TROYENNES, d'après Euripide.

HUIS CLOS – LES MOUCHES (« Folio », *n° 807* ; « Foliothèque », *n° 30. Essai critique et dossier réalisés par François Noudelmann*).

HUIS CLOS. *Pièce enregistrée en 1964 et précédée de* L'enfer c'est les autres *en commentaire. Conception de Prune Berge. Couv. III : photo G. Siegel/Gallimard* (CD audio « À voix haute »).

LES MOUCHES (« Folio + collège », *n° 36. Texte intégral + dossier par Françoise Spiess*).

LA P... RESPECTUEUSE – MORTS SANS SÉPULTURE (« Folio », *n° 868*).

THÉÂTRE COMPLET : Les Mouches – Huis clos – Morts sans sépulture – La Putain respectueuse – Les Mains sales – Le Diable et le Bon Dieu – Kean – Nekrassov – Les Séquestrés d'Altona – Les Troyennes. *Appendices* : Bariona – [La Part du feu] – [Le Pari]. (« Bibliothèque de la Pléiade »). *Édition de Michel Contat*.

Littérature

SITUATIONS

Tome I. *Nouvelle édition.*

Tome II. *Nouvelle édition.*

Tome III. *Nouvelle édition.*

Tome IV. *Nouvelle édition.*

Tome V. Colonialisme et néo-colonialisme.

Tome VI. Problèmes du marxisme, 1.

Tome VII. Problèmes du marxisme, 2.

Tome VIII. Autour de 68.

Tome IX. Mélanges.

Tome X. Politique et autobiographie.

BAUDELAIRE (« Folio essais », *n° 105. Précédé d'une lettre de Michel Leiris, 1975*).

CRITIQUES LITTÉRAIRES (« Folio essais », *n° 223. Textes extraits de* Situations, I).

QU'EST-CE QUE LA LITTÉRATURE ? (« Folio essais », *n° 19*).

SAINT GENET, COMÉDIEN ET MARTYR (Œuvres complètes de Jean Genet, tome I).

LES MOTS (« Folio », *n° 607* ; « Foliothèque », *n° 35. Essai critique et dossier réalisés par Claude Burgelin*).

L'IDIOT DE LA FAMILLE, Gustave Flaubert de 1821 à 1857, I, II et III. *Nouvelle édition revue et augmentée en 1988.*

PLAIDOYER POUR LES INTELLECTUELS. *Première édition* (« Idées », *n° 274*).

UN THÉÂTRE DE SITUATIONS. *Nouvelle édition augmentée et mise à jour par Michel Contat et Michel Rybalka en 1992 (« Folio essais », n° 192).*

CARNETS DE LA DRÔLE DE GUERRE (Septembre 1939-Mars 1940).

LETTRES AU CASTOR ET À QUELQUES AUTRES. *Édition de Simone de Beauvoir.*
  I. 1926-1939.
  II. 1940-1963.

LE SCÉNARIO FREUD. *Préface de J.-B. Pontalis.*

MALLARMÉ, La lucidité et sa face d'ombre (« Arcades », *n° 10*). *Texte établi et annoté par Arlette Elkaïm-Sartre.*

ÉCRITS DE JEUNESSE. *Édition de Michel Contat et Michel Rybalka avec la collaboration de Michel Sicard.*

LA REINE ALBEMARLE OU LE DERNIER TOURISTE, Fragments. *Édition d'Arlette Elkaïm-Sartre.*

LES ÉCRITS DE SARTRE, de Michel Contat et Michel Rybalka.

LES MOTS ET AUTRES ÉCRITS AUTOBIOGRAPHIQUES (« Bibliothèque de la Pléiade »). *Édition de J.-F. Louette.*

Philosophie

L'IMAGINAIRE, Psychologie phénoménologique de l'imagination. *Édition revue et présentée par Arlette Elkaïm-Sartre en 2005 (« Folio essais », n° 47).*

L'ÊTRE ET LE NÉANT, Essai d'ontologie phénoménologique. *Édition corrigée avec index par Arlette Elkaïm-Sartre en 1994 et 2003 (« Tel », n° 1).*

CAHIERS POUR UNE MORALE.

CRITIQUE DE LA RAISON DIALECTIQUE, Théorie des ensembles pratiques, *précédé de* QUESTIONS DE MÉTHODE.

CRITIQUE DE LA RAISON DIALECTIQUE *précédé de* QUES-
TIONS DE MÉTHODE. *Édition d'Arlette Elkaïm-Sartre* (1985).
  Tome I : Théorie des ensembles pratiques.
  Tome II : L'Intelligibilité de l'Histoire.

QUESTIONS DE MÉTHODE *in* CRITIQUE DE LA RAISON
DIALECTIQUE. *Nouvelle édition revue et annotée par Arlette
Elkaïm-Sartre en 1986* (« Tel », *n° 111*).

VÉRITÉ ET EXISTENCE. *Édition d'Arlette Elkaïm-Sartre.*

SITUATIONS PHILOSOPHIQUES. Textes extraits de *Situations*, I à X (« Tel », *n° 171*).

L'EXISTENTIALISME EST UN HUMANISME. *Présentation
et notes d'Arlette Elkaïm-Sartre en 1996* (« Folio essais », *n° 284*).

Voir aussi Collectif, KIERKEGAARD VIVANT (« Idées », *n° 106*).

Essais politiques

RÉFLEXIONS SUR LA QUESTION JUIVE. *Édition revue et
présentée par Arlette Elkaïm-Sartre en 2004* (« Folio essais », *n° 10*).

ENTRETIENS SUR LA POLITIQUE, avec Gérard Rosenthal
et David Rousset.

L'AFFAIRE HENRI MARTIN. *Textes commentés par Jean-Paul
Sartre.*

ON A RAISON DE SE RÉVOLTER, avec Philippe Gavi et Pierre
Victor.

Voir aussi Collectif, LE CHANT INTERROMPU, Histoire des
Rosenberg. *Illustrations de Picasso.*

Scénarios

LES JEUX SONT FAITS, Nagel, 1947 (repris dans « Folio »,
n° 2805, 1996. *Nouvelle édition*).

L'ENGRENAGE, Nagel, 1948 (repris dans « Folio », *n° 2804*,
1996).

TYPHUS, 2007, *édition d'Arlette Elkaïm-Sartre.*

SARTRE, *un film réalisé par Alexandre Astruc et Michel Contat.*

Entretiens

Entretiens avec Simone de Beauvoir, *dans* LA CÉRÉMONIE
  DES ADIEUX de Simone de Beauvoir.

Iconographie

SARTRE, IMAGES D'UNE VIE. *Album préparé par L. Sendyk-
  Siegel. Commentaire de Simone de Beauvoir.*

ALBUM SARTRE. *Iconographie choisie et commentée par Annie
  Cohen-Solal.*

DANS LA COLLECTION FOLIO / ESSAIS

375 Thomas Hobbes : *Léviathan (ou Matière, forme et puissance de l'État chrétien et civil)*.
376 Martin Luther : *Du serf arbitre*.
377 Régis Debray : *Cours de médiologie générale*.
378 Collectif : *L'enfant*.
379 Shmuel Trigano : *Le récit de la disparue (Essai sur l'identité juive)*.
380 Collectif : *Quelle philosophie pour le XXIᵉ siècle ?*
381 Maurice Merleau-Ponty : *Signes*.
382 Collectif : *L'amour de la haine*.
383 Collectif : *L'espace du rêve*.
384 Ludwig Wittgenstein : *Grammaire philosophique*.
385 George Steiner : *Passions impunies*.
386 Collectif : *Histoire de la musique I, vol. 1. Des origines à Jean-Sébastien Bach*. Édité sous la direction de Roland-Manuel.
387 Collectif : *Histoire de la musique I, vol. 2. Des origines à Jean-Sébastien Bach*. Édité sous la direction de Roland-Manuel.
388 Collectif : *Histoire de la musique II, vol. 1. Du XVIIIᵉ siècle à nos jours*. Édité sous la direction de Roland-Manuel.
389 Collectif : *Histoire de la musique II, vol. 2. Du XVIIIᵉ siècle à nos jours*. Édité sous la direction de Roland-Manuel.
390 Geneviève Fraisse : *Les deux gouvernements : la famille et la Cité*.
392 J.-B. Pontalis : *Ce temps qui ne passe pas* suivi de *Le compartiment de chemin de fer*.
393 Françoise Dolto : *Solitude*.
394 Marcel Gauchet : *La religion dans la démocratie. Parcours de la laïcité*.
395 Theodor W. Adorno : *Sur Walter Benjamin*.
396 G. W. F. Hegel : *Phénoménologie de l'Esprit, I*.
397 G. W. F. Hegel : *Phénoménologie de l'Esprit, II*.
398 D. W. Winnicott : *Jeu et réalité*.
399 André Breton : *Le surréalisme et la peinture*.

400 Albert Camus : *Chroniques algériennes 1939-1958 (Actuelles III)*.

401 Jean-Claude Milner : *Constats*.

402 Collectif : *Le mal*.

403 Shmuel Trigano : *La nouvelle question juive (L'avenir d'un espoir)*.

404 Paul Valéry : *Variété III, IV et V*.

405 Daniel Andler, Anne Fagot-Largeault et Bertrand Saint-Sernin : *Philosophie des sciences, I*.

406 Daniel Andler, Anne Fagot-Largeault et Bertrand Saint-Sernin : *Philosophie des sciences, II*.

407 Danilo Martuccelli : *Grammaires de l'individu*.

408 Collectif : *Les philosophes et la science*. Édité sous la direction de Pierre Wagner.

409 Simone Weil : *La Condition ouvrière*.

410 Colette Guillaumin : *L'idéologie raciste (Genèse et langage actuel)*.

411 Jean-Claude Lavie : *L'amour est un crime parfait*.

412 Françoise Dolto : *Tout est langage*.

413 Maurice Blanchot : *Une voix venue d'ailleurs*.

414 Pascal Boyer : *Et l'homme créa les dieux (Comment expliquer la religion)*.

415 Simone de Beauvoir : *Pour une morale de l'ambiguïté* suivi de *Pyrrhus et Cinéas*.

416 Shihâboddîn Yahya Sohravardî : *Le livre de la sagesse orientale (Kitâb Hikmat al-Ishrâq)*.

417 Daniel Arasse : *On n'y voit rien (Descriptions)*.

418 Walter Benjamin : *Écrits français*.

419 Collectif : *Le Pentateuque (La Bible d'Alexandrie)*. Édité sous la direction de Cécile Dogniez et Marguerite Harl.

420 Harold Searles : *L'effort pour rendre l'autre fou*.

421 Le Talmud : *Traité Pessahim*.

422 Ian Tattersall : *L'émergence de l'homme (Essai sur l'évolution et l'unicité humaine)*.

423 Eugène Enriquez : *De la horde à l'État (Essai de psychanalyse du lien social)*.

424 André Green : *La folie privée (Psychanalyse des cas-limites)*.

425 Pierre Lory : *Alchimie et mystique en terre d'Islam*.

426 Gershom Scholem : *La Kabbale (Une introduction. Origines, thèmes et biographies).*
427 Dominique Schnapper : *La communauté des citoyens.*
428 Alain : *Propos sur la nature.*
429 Joyce McDougall : *Théâtre du corps.*
430 Stephen Hawking et Roger Penrose : *La nature de l'espace et du temps.*
431 Georges Roque : *Qu'est-ce que l'art abstrait ?*
432 Julia Kristeva : *Le génie féminin, I. Hannah Arendt.*
433 Julia Kristeva : *Le génie féminin, II. Melanie Klein.*
434 Jacques Rancière : *Aux bords du politique.*
435 Herbert A. Simon : *Les sciences de l'artificiel.*
436 Vincent Descombes : *L'inconscient malgré lui.*
437 Jean-Yves et Marc Tadié : *Le sens de la mémoire.*
438 D. W Winnicott : *Conversations ordinaires.*
439 Patrick Pharo : *Morale et sociologie (Le sens et les valeurs entre nature et culture).*
440 Joyce McDougall : *Théâtres du je.*
441 André Gorz : *Métamorphoses du travail.*
442 Julia Kristeva : *Le génie féminin, III. Colette.*
443 Michel Foucault : *Philosophie (Anthologie).*
444 Annie Lebrun : *Du trop de réalité.*
445 Christian Morel : *Les décisions absurdes.*
446 C. B. Macpherson : *La theorie politique de l'individualisme possessif.*
447 Frédéric Nef : *Qu'est-ce que la métaphysique ?*
448 Aristote : *De l'âme.*
449 Jean-Pierre Luminet : *L'Univers chiffonné.*
450 André Rouillé : *La photographie.*
451 Brian Greene : *L'Univers élégant.*
452 Marc Jimenez : *La querelle de l'art contemporain.*
453 Charles Melman : *L'Homme sans gravité.*
454 Nûruddîn Abdurrahmân Isfarâyinî : *Le Révélateur des Mystères.*
455 Harold Searles : *Le contre-transfert.*
456 Le Talmud : *Traité Moed Katan.*
457 Annie Lebrun : *De l'éperdu.*
458 Pierre Fédida : *L'absence.*
459 Paul Ricœur : *Parcours de la reconnaissance.*

460 Pierre Bouvier : *Le lien social.*

461 Régis Debray : *Le feu sacré.*

462 Joëlle Proust : *La nature de la volonté.*

463 André Gorz : *Le traître* suivi de *Le vieillissement.*

464 Henry de Montherlant : *Service inutile.*

465 Marcel Gauchet : *La condition historique.*

466 Marcel Gauchet : *Le désenchantement du monde.*

467 Christian Biet et Christophe Triau : *Qu'est-ce que le théâtre ?*

468 Trinh Xuan Thuan : *Origines (La nostalgie des commencements).*

469 Daniel Arasse : *Histoires de peintures.*

470 Jacqueline Delange : *Arts et peuple de l'Afrique noire (Introduction à une analyse des créations plastiques).*

471 Nicole Lapierre : *Changer de nom.*

472 Gilles Lipovetsky : *La troisième femme (Permanence et révolution du féminin).*

473 Michael Walzer : *Guerres justes et injustes (Argumentation morale avec exemples historiques).*

474 Henri Meschonnic : *La rime et la vie.*

475 Denys Riout : *La peinture monochrome (Histoire et archéologie d'un genre).*

476 Peter Galison : *L'Empire du temps (Les horloges d'Einstein et les cartes de Poincaré).*

477 George Steiner : *Maîtres et disciples.*

479 Henri Godard : *Le roman modes d'emploi.*

480 Theodor W. Adorno/Walter Benjamin : *Correspondance 1928-1940.*

481 Stéphane Mosès : *L'Ange de l'Histoire (Rosenzweig, Benjamin, Scholem).*

482 Nicole Lapierre : *Pensons ailleurs.*

483 Nelson Goodman : *Manières de faire des mondes.*

484 Michel Lallement : *Le travail (Une sociologie contemporaine).*

485 Ruwen Ogien : *L'Éthique aujourd'hui (Maximalistes et minimalistes).*

486 Collectif : *La pensée en Chine aujourd'hui.* Édité sous la direction d'Anne Cheng, avec la collaboration de Jean-Philippe de Tonnac.

487 Merritt Ruhlen : *L'origine des langues (Sur les traces de la langue mère)*.

488 Luc Boltanski : *La souffrance à distance (Morale humanitaire, médias et politique)* suivi de *La présence des absents*.

489 Jean-Marie Donegani et Marc Sadoun : *Qu'est-ce que la politique ?*

490 G. W. F. Hegel : *Leçons sur l'histoire de la philosophie*.

491 Collectif : *Le royaume intermédiaire (Psychanalyse, littérature, autour de J.-B. Pontalis)*.

492 Brian Greene : *La magie du Cosmos (L'espace, le temps, la réalité : tout est à repenser)*.

493 Jared Diamond : *De l'inégalité parmi les sociétés (Essai sur l'homme et l'environnement dans l'histoire)*.

494 Hans Belting : *L'histoire de l'art est-elle finie ? (Histoire et archéologie d'un genre)*.

495 Collectif : *La littérature française : dynamique et histoire I*. Édité sous la direction de J.-Y. Tadié.

496 Collectif : *La littérature française : dynamique et histoire II*. Édité sous la direction de J.-Y. Tadié.

497 Catherine Darbo-Peschanski : *L'Historia (Commencements grecs)*.

498 Laurent Barry : *La parenté*.

499 Louis Van Delft : *Les moralistes. Une apologie*.

500 Karl Marx : *Le Capital (Livre I)*.

501 Karl Marx : *Le Capital (Livres II et III)*.

502 Pierre Hadot : *Le voile d'Isis (Essai sur l'histoire de l'idée de Nature)*.

503 Isabelle Queval : *Le corps aujourd'hui*.

504 Rémi Brague : *La loi de Dieu (Histoire philosophique d'une alliance)*.

505 George Steiner : *Grammaires de la création*.

506 Alain Finkielkraut : *Nous autres, modernes (Quatre leçons)*.

507 Trinh Xuan Thuan : *Les voies de la lumière (Physique et métaphysique du clair-obscur)*.

508 Marc Augé : *Génie du paganisme*.

509 François Recanati : *Philosophie du langage (et de l'esprit)*.

510 Leonard Susskind : *Le paysage cosmique (Notre univers en cacherait-il des millions d'autres ?)*

511 Nelson Goodman : *L'art en théorie et en action.*

512 Gilles Lipovetsky : *Le bonheur paradoxal (Essai sur la société d'hyperconsommation).*

513 Jared Diamond : *Effondrement (Comment les sociétés décident de leur disparition et de leur survie).*

514 Dominique Janicaud : *La phénoménologie dans tous ses états (Le tournant théologique de la phénoménologie française* suivi de *La phénoménologie éclatée).*

515 Belinda Cannone : *Le sentiment d'imposture.*

516 Claude-Henri Chouard : *L'oreille musicienne (Les chemins de la musique de l'oreille au cerveau).*

517 Stanley Cavell : *Qu'est-ce que la philosophie américaine ? (De Wittgenstein à Emerson, une nouvelle Amérique encore inapprochable* suivi de *Conditions nobles et ignobles* suivi de *Status d'Emerson).*

518 Frédéric Worms : *La philosophie en France au XXᵉ siècle (Moments).*

519 Lucien X. Polastron : *Livres en feu (Histoire de la destruction sans fin des bibliothèques).*

520 Galien : *Méthode de traitement.*

521 Arthur Schopenhauer : *Les deux problèmes fondamentaux de l'éthique (La liberté de la volonté — Le fondement de la morale).*

522 Arthur Schopenhauer : *Le monde comme volonté et représentation I.*

523 Arthur Schopenhauer : *Le monde comme volonté et représentation II.*

524 Catherine Audard : *Qu'est-ce que le libéralisme ? (Éthique, politique, société).*

525 Frédéric Nef : *Traité d'ontologie pour les non-philosophes (et les philosophes).*

526 Sigmund Freud : *Sur la psychanalyse (Cinq conférences).*

527 Sigmund Freud : *Totem et tabou (Quelques concordances entre la vie psychique des sauvages et celle des névrosés).*

528 Sigmund Freud : *Conférences d'introduction à la psychanalyse.*
529 Sigmund Freud : *Sur l'histoire du mouvement psychanalytique.*
530 Sigmund Freud : *La psychopathologie de la vie quotidienne (Sur l'oubli, le lapsus, le geste manqué, la superstition et l'erreur).*
531 Jared Diamond : *Pourquoi l'amour est un plaisir (L'évolution de la sexualité humaine).*
532 Marcelin Pleynet : *Cézanne.*
533 John Dewey : *Le public et ses problèmes.*
534 John Dewey : *L'art comme expérience.*
535 Jean-Pierre Cometti : *Qu'est-ce que le pragmatisme ?*
536 Alexandra Laignel-Lavastine : *Esprits d'Europe (Autour de Czeslaw Milosz, Jan Patoc̆ka, István Bibó. Essai sur les intellectuels d'Europe centrale au XXᵉ siècle).*
537 Jean-Jacques Rousseau : *Profession de foi du vicaire savoyard.*
538 Régis Debray : *Le moment fraternité.*
539 Claude Romano : *Au cœur de la raison, la phénoménologie.*
540 Marc Dachy : *Dada & les dadaïsmes (Rapport sur l'anéantissement de l'ancienne beauté).*
541 Jean-Pierre Luminet : *Le Destin de l'Univers (Trous noirs et énergie sombre) I.*
542 Jean-Pierre Luminet : *Le Destin de l'Univers (Trous noirs et énergie sombre) II.*
543 Collectif : *Qui sont les animaux ?* Édité sous la direction de Jean Birnbaum.
544 Yves Michaud : *Qu'est-ce que le mérite ?*
545 Luc Boltanski : *L'Amour et la Justice comme compétences (Trois essais de sociologie de l'action).*
546 Jared Diamond : *Le troisième chimpanzé (Essai sur l'évolution et l'avenir de l'animal humain).*
547 Christian Jambet : *Qu'est-ce que la philosophie islamique ?*
548 Lie-tseu : *Le Vrai Classique du vide parfait.*
549 Hans-Johann Glock : *Qu'est-ce que la philosophie analytique ?*
550 Hélène Maurel-Indart : *Du plagiat.*

551 Collectif : *Textes sacrés d'Afrique noire.*
552 Mahmoud Hussein : *Penser le Coran.*
553 Hervé Clerc : *Les choses comme elles sont (Une initiation au bouddhisme ordinaire).*
554 Étienne Bimbenet : *L'animal que je ne suis plus.*
555 Sous la direction de Jean Birnbaum : *Pourquoi rire ?*
556 Tchouang-tseu : *Œuvre complète.*
557 Jean Clottes : *Pourquoi l'art préhistorique ?*
558 Luc Lang : *Délit de fiction (La littérature, pourquoi ?).*
559 Daniel C. Dennett : *De beaux rêves (Obstacles philosophiques à une science de la conscience).*
560 Stephen Jay Gould : *L'équilibre ponctué.*
561 Christian Laval : *L'ambition sociologique (Saint-Simon, Comte, Tocqueville, Marx, Durkheim, Weber).*
562 Dany-Robert Dufour : *Le Divin Marché (La révolution culturelle libérale).*
563 Dany-Robert Dufour : *La Cité perverse (Libéralisme et pornographie).*
564 Sander Bais : *Une relativité bien particulière... précédé de Les équations fondamentales de la physique (Histoire et signification).*
565 Helen Epstein : *Le traumatisme en héritage (Conversations avec des fils et filles de survivants de la Shoah).*
566 Belinda Cannone : *L'écriture du désir.*
567 Denis Lacorne : *De la religion en Amérique (Essai d'histoire politique).*
568 Collectif : *Où est passé le temps ?* Édité sous la direction de Jean Birnbaum.
569 Simon Leys : *Protée et autres essais.*
570 Robert Darnton : *Apologie du livre (Demain, aujourd'hui, hier).*
571 Kora Andrieu : *La justice transitionnelle (De l'Afrique du Sud au Rwanda).*
572 Leonard Susskind : *Trous noirs (La guerre des savants).*
573 Mona Ozouf : *La cause des livres.*
574 Antoine Arjakovsky : *Qu'est-ce que l'orthodoxie ?*
575 Martin Bojowald : *L'univers en rebond (Avant le big-bang).*
576 Axel Honneth : *La lutte pour la reconnaissance.*

577 Marcel Gauchet : *La révolution moderne (L'avènement de la démocratie I)*.

578 Ruwen Ogien : *L'État nous rend-il meilleurs ? (Essai sur la liberté politique)*.

579 Gilles Cohen-Tannoudji et Michel Spiro : *Le boson et le chapeau mexicain (Un nouveau grand récit de l'univers)*.

580 Thomas Laqueur : *La Fabrique du sexe (Essai sur le corps et le genre en Occident)*.

581 Hannah Arendt : *De la révolution*.

582 Albert Camus : *À « Combat » (Éditoriaux et articles 1944-1947)*.

583 Collectif : *Amour toujours ?* Édité sous la direction de Jean Birnbaum.

584 Jacques André : *L'Imprévu (En séance)*.

585 John Dewey : *Reconstruction en philosophie*.

586 Michael Hardt et Antonio Negri : *Commonwealth*.

587 Christian Morel : *Les décisions absurdes II (Comment les éviter)*.

588 André Malraux : *L'Homme précaire et la Littérature*.

589 François Noudelmann : *Le toucher des philosophes (Sartre, Nietzsche et Barthes au piano)*.

590 Marcel Gauchet : *La crise du libéralisme. 1880-1914 (L'avènement de la démocratie II)*.

591 Dorian Astor : *Nietzsche (La détresse du présent)*.

592 Erwin Panofsky : *L'œuvre d'art et ses significations (Essais sur les « arts visuels »)*.

593 Annie Lebrun : *Soudain un bloc d'abîme, Sade*.

594 Trinh Xuan Thuan : *Désir d'infini (Des chiffres, des univers et des hommes)*.

595 Collectif : *Repousser les frontières ?* Édité sous la direction de Jean Birnbaum.

596 Vincent Descombes : *Le parler de soi*.

597 Thomas Pavel : *La pensée du roman*.

598 Claude Calame : *Qu'est-ce-que c'est que la mythologie grecque ?*

599 Jared Diamond : *Le monde jusqu'à hier*.

600 Lucrèce : *La nature des choses*.

601 Gilles Lipovetsky, Elyette Roux : *Le luxe éternel*.

602 François Jullien : *Philosophie du vivre*.

603 Martin Buber : *Gog et Magog.*

604 Michel Ciment : *Les conquérants d'un nouveau monde.*

605 Jean Clair : *Considérations sur l'État des Beaux-Arts.*

606 Robert Michels : *Sociologie du parti dans la démocratie moderne.*

607 Philippe Descola : *Par-delà nature et culture.*

608 Marcus du Sautoy : *Le mystère des nombres (Odyssée mathématique à travers notre quotidien).*

609 Jacques Commaille : *À quoi nous sert le droit ?*

610 Giovanni Lista : *Qu'est-ce que le futurisme ? suivi de Dictionnaire des futuristes.*

611 Collectif : *Qui tient promesse ?*

612 Dany-Robert Dufour : *L'individu qui vient (… après le libéralisme).*

613 Jean-Pierre Cometti : *La démocratie radicale (Lire John Dewey).*

614 Collectif : *Des psychanalystes en séance (Glossaire clinique de psychanalyse contemporaine).*

615 Pierre Boulez (avec Michel Archimbaud) : *Entretiens.*

616 Stefan Zweig : *Le Monde d'hier.*

617 Luc Foisneau : *Hobbes (La vie inquiète).*

618 Antoine Compagnon : *Les Antimodernes (De Joseph de Maistre à Roland Barthes).*

619 Gilles Lipovetsky, Jean Serroy : *L'esthétisation du monde (Vivre à l'âge du capitalisme artiste).*

620 Collectif : *Les origines du vivant (Une équation à plusieurs inconnues).* Par l'Académie des sciences.

621 Collectif : *Où est le pouvoir ?* Édité sous la direction de Jean Birnbaum.

622 Jean-Pierre Martin : *La honte (Réflexions sur la littérature).*

623 Marcel Gauchet : *L'avènement de la démocratie III (À l'épreuve des totalitarismes (1914-1974).*

624 Moustapha Safouan : *La psychanalyse (Science, thérapie et cause).*

625 Alain Roger : *Court traité du paysage.*

626 Olivier Bomsel : *La nouvelle économie politique (Une idéologie du XXIᵉ siècle).*

627 Michael Fried : *La place du spectateur (Esthétique et origines de la peinture moderne).*

628 François Jullien : *L'invention de l'idéal et le destin de l'Europe.*

629 Danilo Martuccelli : *La condition sociale moderne (L'avenir d'une inquiétude).*

630 Ioana Vultur : *Comprendre (L'herméneutique et les sciences humaines).*

631 Arthur Schopenhauer : *Lettres, tome I.*

632 Arthur Schopenhauer : *Lettres, tome II.*

633 Collectif : *Hériter, et après ?* Édité sous la direction de Jean Birnbaum.

634 Jan-Werner Müller : *Qu'est-ce que le populisme ? (Définir enfin la menace).*

635 Wolfgang Streeck : *Du temps acheté (La crise sans cesse ajournée du capitalisme démocratique).*

636 Collectif : *La cognition (Du neurone à la société).* Édité sous la direction de Daniel Andler, Thérèse Collins et Catherine Tallon-Baudry.

637 Cynthia Fleury : *Les irremplaçables.*

638 Nathalie Heinich : *L'élite artiste (Excellence et singularité en régime démocratique).*

639 François Jullien : *Entrer dans une pensée ou Des possibles de l'esprit* suivi de *L'Écart et l'entre.*

640 Régis Debray : *Civilisation (Comment nous sommes devenus américains).*

641 Collectif : *Mai 68, Le Débat.*

642 Geneviève Fraisse : *Le Privilège de Simone de Beauvoir.*

643 Collectif : *L'âge de la régression.* Édité sous la direction d'Heinrich Geiselberger.

644 Guy Debord : *La Société du Spectacle.*

645 Guy Debord : *Commentaires sur la société du spectacle (1988)* suivi de *Préface à la quatrième édition italienne de « La Société du Spectacle » (1979).*

646 Asma Lamrabet : *Islam et femmes (Les questions qui fâchent).*

647 Collectif : *De quoi avons-nous peur ?* Édité sous la direction de Jean Birnbaum.

648 Claude Romano : *Être soi-même (Une autre histoire de la philosophie).*

Composition Nord Compo
Impression Novoprint
à Barcelone, le 24 mars 2020
Dépôt légal : mars 2020

ISBN 978-2-07-287958-6./Imprimé en Espagne.

361794